アジア理解
講座 ❸

岩渕功一＝編

越える文化、交錯する境界

トランス・アジアを翔るメディア文化

山川出版社

越える文化、交錯する境界　トランス・アジアを翔るメディア文化　目次

越える文化、交錯する境界

トランス・アジアを翔るメディア文化

序章　岩渕功一

方法としての「トランス・アジア」

「トランス・アジア」を翔るメディア文化

グローバル化が進むなかで文化の越境交通が活発になっている。巨大多国籍企業による地球規模での市場と資本の統合、定住あるいは一時的滞在を目的に国境を越えて移動する人の増大、世界のあらゆる地域を瞬時に結ぶコミュニケーション技術の飛躍的進歩、非西洋圏における豊かな中間層の誕生と消費文化の蔓延《まんえん》。これらの要素が複合的に合わさるなか、国境を越える文化の流動はよりダイナミックで多方向的、そして不整合なものとなっている。

この潮流はアジア地域内の文化交通にも見ることができる。とくに一九九〇年代のなかば以降、東・東南アジア地域内では市場の同時性が高まり、日本、香港、韓国、台湾などのメディア文化がこれまで以上に流通し受容されるようになった。アジア各地では数日遅れでいくつかの日本のマンガ週刊誌の翻訳版を買うことができ、放映の一〜二週間後には日本や韓国の最新テレビドラマの中国語字幕付き(おもに海賊版)ＶＣＤ(ビデオＣＤ)が市場に出回っている。東・東南アジア各国のメディア産業間の連携も深まっており、複数のアジア市場をにらんだマーケティング戦略や映画・テレビ・音楽・マンガなどの共同製作プロジェクトが積極的に展開されている。さらには、人の移動が飛躍的に増大したことで、国境を越えて遠く離れた場所と人を直接結ぶ、あらたなメディア文化の受容パターンと文化表現の実践が生み出されてもいる。つまり、メディア・資本・人が国文化の枠組みと境界を越えて錯綜するなかで、東・東南アジア地域はメディア文化が交通し、混交し、生成し、そして消費される交差空間として立ちあらわれているのである。

アジア域内で活発になっているこうした文化や人の越境的流動は、いわば社会の真空状態から突然生まれてきたものではない。それは歴史的にかたちづくられてきた権力関係に規定される現存の社会的・地政学的文脈のなかで生じている。文化の越境交通は、とくに若い層を中心にこれまでにはないかたちの文化交流やコスモポリタン意識の生成をうながしている一方で、格差や不平等を一層助長してもいる。多くの地域のメディア文化は国境を越え(られ)ないし、文化交通は都市部に集中している。また、文化の越境がすなわち既存の境界線をずらしたり壊すことには必ずしもつながらない。国民国家と文化の境界線があらたに引き直されて強固になってさえいる。メディアと人の越境がさかんになることは、「いまここ」にはないものとの自省的対話を生み出すとともに、社会内外の「他者」を都合良く消費する(あるいは無視する)ことをあらためて助長してもいる。

本書の目的は、テレビ、映画、音楽、マンガなどのメディア文化をとおして、アジア地域において既存の国文化の枠組みを越える、あるいは締めつけるつながりが、歴史的・構造的な不均衡のなかでどのようなかたちで(再)想像=創造されているのかを考察することである。国・ネーションの枠組みを揺るがす越境的流動性とそれを再生産する力学が同時に強まるなかで、幾多の境界が不均整なかたちで交錯し、重なり合い、折衝している様相を多面的に描き出してみたい。

文化越境がもたらす政治性をアジアの文脈で考察する本書の視座は「トランス・アジア」と呼べるもので、「アジア」という文化地理やそれを構成する国文化を本質主義的にとらえる発想を問題視する。以下で論ずるように、本書はいくつかの点で「アジア」という文化地理概念の既存の語り方――西洋との二分法から引き出されるアジア、日本に対置される劣った外部としてのアジア、そして国民国家を唯一の主体として構想されるアジアとそれによって忘却される「内なるアジア」――とは意識的に一線を画している。「トランス」という接頭辞が意味するように、アジア地域を「横断し」、「貫く」メディア・資本・人の移動とそれがもたらすつながりをグローバル化の文脈に位置づけながら多層的に検証することは、排他的で固定化された「アジア」の空間的認識枠組みを「超越する」こととも密接に結びついているのである。本書の論考が照らし出すのは、そのような方法としての「トランス・アジア」の可能性である。

ローカルからグローバル化の力学を読み解く

文化のグローバル化にかんする議論では世界が均質化する側面が否定的に強調されている。それは西洋先進国、とくにアメリカの生活様式、消費主義、メディア文化が市場原則にのっとって世界中に浸透することを意味し、それによって非西洋地域の文化が支配され破壊されることへの危惧や批判が「文化帝国主義」言説というかたちで表明されている。しかし、アメリカという絶対的な文化中心によって他の（非西洋）国文化が支配され「アメリカ化」されるという見方には疑問が投げかけられている［トムリンソン 1995］。それはアメリカのメディア・消費文化が流通することがすなわち人々を洗脳して世界が画一化するというきわめて単純化したかたちで、グローバル化がもたらす文化越境をとらえているからである。さらには、ある文化が他の文化によって支配されるという発想には、明瞭に区切られた境界をもつ有機的で自己完結した文化のまとまりの存在があらかじめ前提とされている。

こうした発想は、「西洋」に対置された文化的まとまりとして「アジア」が二分法的に想定され、国境を越える西洋・アメリカ発のグローバル文化によって、アジア各国の伝統文化・価値観が損なわれるという議論にも見ることができる。そこでは「ローカル」（非西洋・アジア）が「グローバル」（西洋・アメリカ）から明確に分離されて、保護するもの、あるいは、それに対抗するものとしてロマン主義的・本質主義的に認識されてしまっている。しかし、文化とはそもそも越境交渉と混成化をとおしてつねに変化しているものであるし、グローバル化が進展するなかでその過程は一層激化している。地球上の各地がさまざまな移動（植民地化の歴史、資本、市場、商品、移民、労働者、そしてメディア）によってますます緊密に連結されるようになるなかで、国や文化の「内部／ローカル」と「外部／グローバル」が明確に切り離されているという見方はますます説得力を失っている。

いうまでもなく、西洋・アメリカはいまだに世界において強大な文化的影響力を有している。「西洋発」の資本主義近代の影響を完全にまぬがれている文化はほとんどないといえるだろう。しかし、このことがすなわち西洋の中心が周縁を一方的に均質化しているわけではない。非西洋地域にいわば強制的に、非自発的なかたちで近代化をもたらしたこの過程は、世界各地で西洋近代が多様に土着化されて、複数の「現地固有の近代」を生成することにもなったのである［アン、ストラットン 1998］。国文化の境界を越えるメディア文化にかんしていえば、それは世界各地で、特定の政治・経済・社会的文脈によって構成される「ローカル」の文化的枠組みのなかで、ジェンダー、セクシュアリティ、エスニシティ、階層、年齢など異なる立場の人々によって多様に消費・受容されるとともに、混成化をとおして再編制されている。越境文化との交渉をとおして、個々の主体は日常のなかで自らの意味を紡ぎだし、たんなる複製ではないあらたな文化が生み出されている。

急いで断っておけば、これはローカルにおける個々の主体の自律性を手放しに礼讃するものではけっしてない。たとえば、世界各地であらたに生成する文化的多様性は、資本の論理に基づきながらグローバル化のなかで組織化されている［Hannerz 1996］。アメリカを中心に高度に発展した消費文化が世界的に普及したことにより、グローバル文化システムの基軸とでも呼べるさまざまな差異が調整されうる一連の文化フォーマットが各地で共有されている。多国籍メディア企業は国境を越えた提携・協力を押し進める一方で、各市場の文化的多様性を助長しながら、この基軸を適応させて利潤をあげようとしている［Hall 1991］。標準化をとおして世界は多様化し、多様化をとおして世界は標準化している。

ここで重要なのは、グローバルとローカルの関係は相互構成的であり、非対称でありながら複雑に連繋し合っていることである。ローカルの文化的創造力がグローバル化の文脈の外ではほとんど考えられなくなっている一方で、グローバル化の力学もローカルでの交渉過程をとおしてしか発揮されえない。つまり、グローバル化がもたらす文化流動のダイナミックさは、「ローカル」という特定の場における、越境文化交通との複雑で矛盾をはらんだ交渉過程に目を向けることでしか十分には理解できない。越境文化が特定の場所・地域に流通し受容されることで、社会的にどのような――しばしば思いもかけないような――「結果」をもたらすのかは一般化できないし、あらかじめ想定することもできない。国境の管理・統制を越えて、あるいはくぐり抜けて錯綜するメディア・資本・人の移動がますます活発化するなかで、それらのベクトルが交錯する具体的な交渉の場としてローカルをとらえ、特定の歴史的・社会的文脈と多層的に重なりながら、さまざまな主体がどのような意味を紡ぎ出し、アイデンティティ・差異などを生成しているのかを精緻に検証することが求められる。

伊藤の章は台湾における日本のテレビドラマ受容の分析をとおして、この点を強調する。前述のように、グローバル化が進展するなかで非西洋地域において多様な文化実践と表現が生成しているが、そのことはまた、緩やかなメディア文化の地域化をもたらしている。ブラジル・メキシコ・インド・エジプトなどテレビ・映画界で長いあいだ近隣地域で影響力をもってきた国々を軸に、地域内での相互文化流通・消費が一層活発になっている。東・東南アジアでも、とくに一九九〇年代なかば以降、域内でのメディア文化の越境と融合がこれまで以上に活性化し、多くの若者がアジアの他の国地域で制作されたメディア文化を好んで消費するようになった。日本のテレビドラマ、ポピュラー音楽、マンガ・アニメも幅広く東・東南アジア地域に浸透し、好意的に受容されている[テレビドラマにかんしては、岩渕 2003b参照]。なかでも日本のメディア文化がもっとも浸透している国地域は台湾であろう。台湾では「哈日族《ハーリーズー》」と呼ばれる日本のメディア文化を好んで受容する多数の若者たちの出現が社会現象となり、日本のテレビや新聞もこれをたびたび紹介してきた。

しかし、伊藤は「哈日族」とは一体誰なのかを問い直すことで、そうしたカテゴリー化によって台湾における日本文化受容の複雑な様相が安直に語られてしまうことに注意を喚起する。台湾における日本テレビドラマの浸透が何を意味しているのかを理解するためには、台湾の社会的文脈のなかで多様な主体が日本のメディアテクストをとおしてどのような意味の交渉をおこなっているのかをていねいに分析する必要があると伊藤は論じる。つまり、日本メディア文化の受容過程は、グローバル化のなかで日本と台湾とのあいだで共有化されるようになった都市経験とテクストの文化的解釈コードやケーブルテレビの発展にみられる台湾のメディア市場構造の変化に加えて、「日本植民地化の痕跡、言語使用上の位階関係、それと深くリンクする経済的格差、そして台湾と大陸との地政学的な関係、さらに台湾のアイデンティティをめぐる構想のせめぎあい」などの複雑な歴史的・社会的要因と関連づけて検討されなければならない。個々のオーディエンスの日本のテレビドラマ受容を、こうした台湾のローカル文化政治の文脈のなかに位置づけてきめ細かく見ることで、私たちが自明と思いがちな日本に憧れる台湾の若者という全体化された像が崩され、国境を越えるメディア文化がもたらすつながり方を多層的に理解することができるのである。

清水の章はオランダを舞台にした英国生まれの物語『フランダースの犬』の東アジアへの旅をてがかりに、国境を越えるメディア文化が思いがけないつながりをもたらすことを照らし出す。日本と韓国において『フランダースの犬』は異なる時期に、異なるジャンル・異なる内容で登場した。日本では高度成長をはたした七〇年代にアニメシリーズとして、韓国ではソウルオリンピックを境に急速に都市化・近代化が進んだあと、二〇〇〇年に映画としてあらわれた（映画は二〇〇三年に日本でも公開された）。「同じメディアの共有は、異なる経験の共有でもある」ことを提起しつつ、清水はヨーロッパから日本をへて韓国へと国境を越えながらそれぞれの歴史的・社会的文脈のなかで変化した複数の「犬」の物語が、「空腹の犬」の政治性をとおして近代資本主義システムに内包される社会矛盾や周縁性への批判的まなざしを有している点で響き合っていることを指摘する。そして、韓国版の内容がまったく異なるにもかかわらずタイトルを共有していることは、監督が幼いころ視聴していた日本製アニメの記憶の断片が不意に韓国社会の「いま」と節合して映画が誕生したことを示唆している。二つの「犬」をめぐる語りが示すのは、「急速な近代化とグローバル化という『進歩の歴史』のただなかでの記憶の地図を書きかえることへの呼びかけと、それへの応答が時間を超え、また国境を越える」ことなのである。

つながる文化、越えない文化

清水の論考は、文化越境が社会批判の契機の共有をもたらす可能性をメディアテクストに見出すが、それはメディア受容の場においても見ることができる。メディアがもつ大きな社会的機能のひとつは、時空間的に離れている、あるいは関係がない（と思われている）人々や事象を結びつける、関連づけて「つなぐ」ことだ。ラジオ、テレビ、インターネットなどのメディア・コミュニケーション技術の発展は、私たちが物理的に移動せずして家庭などの私的空間から、遠く離れた、見知らぬ人々の暮らしや世界中で起きていることを（生で）体験できるようにした。メディアをとおして私たちの日常生活は「いまここ」に存在しない人、場所、社会とさまざまなかたちで交錯し対話するようになり、私たちの意識・想像力は多大な移動性を獲得した。

アジア地域内でも文化交通が飛躍的に活性化したことで、他のアジア地域のメディアテクストの受容をとおして自らの生、そして自らが位置する社会・文化を批判的にとらえなおす契機がもたらされている。青崎と山中の章にみられるように、韓国や台湾などのメディア文化が東アジア地域に広く浸透するなど、アジア地域のメディア文化交通は多様化・多方向化している。日本においても香港の映画や韓国のテレビドラマが幅広い人気を呼ぶようになった。このことは日本で自らに対置する包括的なまとまりとして言及される「遅れたアジア」という発想の不毛さを照らし出すことに結びつく。

後述するように、日本では、地理的、そしておそらく文化的にアジアに属することを認めながらも日本が「アジア」を超越した優位な地位にあるという認識はいまだに根強い。しかし、日本近代のなかで構築されてきたこのアジア認識は文化越境によって部分的ではあるが揺るがされている。西洋に匹敵する高度な産業化をはたした唯一の非西洋国としての立場を日本は長らく享受してきたが、これはもはや希有な経験ではなくなった。西洋に支配されたグローバル資本主義近代との交渉がアジアにおいてさまざまな近代編制をもたらすなかで、それは都市部を中心とした多くのアジア地域に共通の光景となっている。他のアジア地域で制作されたメディア文化を受容することで、日本が他のアジア地域の人々と同じ発展的時間帯を生きているということ、同じような近代化と都市化、そしてグローバル化のしぶきを浴びながら、それぞれの文脈で似ているが異なる体験をしていることを日本の人々は「実感」させられ、自らの近代のあり方をあらためて批判的に見直すことがうながされている[岩渕 2001参照]。

しかし、すべての文化が越境しているわけではない。「アジア」が都市消費文化を土台に編成されるいわばメディア情緒圏として立ち上がっている一方で、多くのポピュラー文化は国境を越え(られ)ない。グローバル化は根本的には不平等さを助長する歴史的過程である。国文化の境界を蔑《ないがし》ろにするメディア文化の移動・流れ・つながりの加速化を促進している主体は、一握りの先進国に本拠をおく多国籍企業であり、まさに世界をまたにかけた資本の循環であることはあらためて強調されるべきであろう。ソニーのハリウッド進出やアニメ・ゲームソフトの世界的普及にみられるように、日本を含めた非西洋国地域を巻き込んで、多国籍企業と資本の国境を越えた提携・協力がアメリカを軸に押し進められている。これと連動して、アジア地域においてもマーケティング・販売戦略における協働や流通とプロモーションの同時化の促進といった、国境を越えた企業と市場の連繋が積極的に展開されており、構造的不均衡のなかで偏った越境的つながりが推進されている。

高度に商品化された文化の流通は、越える文化と越えない文化の選別を一層明確にしている。越境する文化に焦点があてられる一方で、無数の越えないもの、越えられない文化が存在していることが注視されることはあまりない。松村の章はタイのポピュラー音楽を手がかりに、「音楽に国境はない、音楽は世界の共通言語である」といった、文化の越境の側面を過度にもてはやす昨今のグローバル化言説に根本的な疑問を投げかける。いかにある音楽が特定のローカルにおいて支持され、いかなる社会的な意義をもっていようが、音楽そのものの越境する力はじつはけっして強くないと松村は指摘する。それが国境を越えて流通するには、その国に付与される歴史的・政治的・経済的・文化的なイメージや市場の論理など音楽を取り巻く多様な外的諸要因が大きく作用しているのである。越えない文化に目を向けることでグローバル化のなかで進む音楽の序列化と「越える文化」言説のイデオロギー性をとらえなおす重要性が問われている。

消費文化・メディア文化がおもな共通項となるにつれて、国を越えた文化的共鳴感と想像力をかき立てる「アジア」は徐々にその地理的範囲を縮めている。岡倉天心に代表されるかつての汎アジア主義は「非」西洋という対抗的な定義によってアラブ諸国やインドまでをも含んでいた。しかし、メディア文化がもたらしているつながりは、一九九〇年代初頭には東南・東アジアの新興経済国地域へと狭まり、二十一世紀初頭には、香港、台北、ソウル、東京、シンガポール、バンコク、上海といった東アジア都市部のあいだのつながりにさらに限定されるようになっている。メディア文化のつながりとは、なによりも文化産業の連携であり、そして、そのおもなターゲット層である都市部の比較的裕福な若者のあいだのものである。その大都市の中間層のあいだの偏ったつながりからは、あまりに多くの地域・人々が排除されてしまっている。グローバルに蔓延した消費主義の枠組みに組み込まれながら「アジア」の包摂と排除がおこなわれている。

越境文化と再ナショナル化

このように多国籍企業主体で進展する文化越境は国というよりは都市を直接結びつけている。国民国家という枠組みの重要性が市場の論理にのっとりながら世界を錯綜するメディア文化交通によって損なわれていることの証左だといえるだろう。しかし、このことは必ずしも国・ネーションというシンボリックな境界線や帰属意識を実際に揺るがし、解体させることを意味するものではない。越える文化は「ナショナル」の枠組み・想像力を強固にする作用を引き起こしてもいる。

「トランスナショナル」という概念にはこの両義性が内包されている。ハナーーツ[Hannerz 1996:6]がいうように、「トランスナショナル」は、世界の隅々を覆うことを含意するグローバルよりも、誇張的・抽象的でなく控えめで現実的な意味合いをもつ。さらには、「国際（インターナショナル）」が国家という単位を前提としているのにたいして、「トランスナショナル」は国家の規制や拘束力を軽々と飛び越えるマクロな動きと、移民などに代表される、その下でうごめく統制することの困難なミクロなつながりの双方を視野にいれている。グローバル化がうながす文化の流動にかかわる主体は多国籍企業、（非営利を含む）集団・組織から個人まで、多様な次元に拡散しており、それらは幾多の方向性をもって錯綜しながら世界各地を連結している。

しかし、「トランスナショナル」という視座はナショナルな境界を蔑ろにする移動・交通を強調する一方で、それが否定しようとするナショナルな境界線があらたなかたちで浮彫りにされていることにも目を向けさせる［Hannerz 1996：6］。国民国家の自明性が疑問視される一方で、国・ネーションはいまだに大きな規制力をもって境界線を確定し、人々の多大な愛着心を今なお喚起している。ラウス［Rouse 1995］がいうように、トランスナショナルな文化の交通は「ナショナル」を消滅させているのではなく、むしろそれを異なる文脈のなかに位置づけながら、あらたな意義を付与している。トランスナショナルな文化交通の錯綜性がナショナルの制度的・言説的な枠組みのなかで再配置されて、それを一層強化するように作用してしまうのである。

青崎と山中の中国のテレビ市場と韓国のマンガ産業にかんする論考は、東アジアにおいて文化の越境化と混成化が多方向性をもって進むなかで、いかにナショナルの枠組みがあらたに打ち立てられているかをそれぞれ描く。青崎は韓国テレビ産業の中国市場への進出を中心に、外国製テレビ番組輸入の規制と緩和の相反する力学が中国の政府、メディア、産業、視聴者など多様な行為者を巻き込んで作用していることを分析する。巨大な中国市場は長らく世界各地のメディア産業の「未開拓の金鉱」として関心を集めてきたが、とくにここ数年のあいだに、利益追求に奔走する中国のメディア企業の戦略とそれを支える視聴者の欲求に突き動かされて、韓国や日本などから国境を越えて流入する東アジア各地のテレビ番組は日常的に視聴されるようになった。しかし、その一方で、「中国製」の番組を重視する国家のメディア市場規制政策が強まり、メディア言説においては、テレビドラマの内容を比較して、「日本」「韓国」といった国文化の範疇化が過度に単純化されたかたちでおこなわれるなど、「中国」の境界線があらためて強調されている。

青崎はまた、テレビドラマ輸出振興に韓国政府が積極的にかかわっていることを指摘するが、マンガ・アニメも韓国の重要な国家産業として制作と輸出が奨励されている。山中の章は、日本のマンガの影響をさまざまな面で受容し混成化しながら発展してきた韓国のマンガ文化に、「韓国マンガ」という独自のナショナルな冠をつけようとする強い力学が働く過程をとおして、トランスナショナルとナショナルの錯綜を描き出す。山中によれば、韓国ではマンガ産業が発展するなかで、「反日感情」「儒教的文化観」「経済的価値」という三つの問題への回答が同時に求められてきた。かつての支配者「日本」の影響力にかんする歴史的要請、儒教的観点から低俗とみなされがちなマンガ文化を正当化する文化的要請、そして、政府の輸出奨励にみられる国家産業的要請にこたえることが、「韓国マンガ」を社会的に認知させる過程において、必要とされたのである。なかでも、日本マンガの影響力をどのように認識するのかは、韓国では植民地化の記憶と密接に関連する重大な問題でありつづけている。さらに最近では、海外市場進出の自負によって喚起されるナショナルな求心力もが複雑に絡み合うようになり、ますます多層的な矛盾とあいまいさを内包しながら「韓国マンガ」の定義と位置づけがおこなわれている。

翻って日本に目をやると、メディア文化をとおして日本とアジア各国とのあいだで「不幸な歴史」を乗り越えて「文化交流」が促進されるという強い期待が寄せられている。とくに、韓国政府が日本文化の輸入を段階的に解禁したことに刺激されて、メディア文化をとおした双方向の交流が深まることで、日本と韓国をはじめとする他のアジア諸国との関係改善に貢献することに望みが高まっている。しかし、文化交流を期待する言説は、これまで述べてきたような、不均衡をたえず(再)生産しながら地球上を連結するグローバル化の錯綜した過程のなかでメディア文化がもたらす国境を越えたつながりが生成していることに十分に目を向けていない。そこでは、現象としての日本のメディア文化の広がりは、日本のアジア諸国との歴史的和解という国益を推進する都合のいい例として安易に言及されてしまいがちになる［岩渕 2003a］。ここでも、トランスナショナル交通の錯綜性がナショナルな境界を引き直すことに貢献するために矮小化されていることがみてとれる。

内なる「越境アジア」

文化越境を国対国という枠組みのなかでもっぱら語ってしまうことは、それぞれの社会内部に存在するジェンダー、セクシュアリティ、エスニシティ、階級といった社会的弱者にかんする諸問題の視点を見失わせてしまうようにも作用する。それはたとえば、日韓文化交流が注視されることで、在日朝鮮人・韓国人の存在が二国間の関係性のなかに埋もれてしまいがちなことにみてとれる。前述のように、「アジア」をもっぱら外部とみなす日本のアジア言説は、「劣ったアジア」にたいする日本の優位性を唱えるが、それはまた、「内なるアジア」への視点を隠蔽《いんぺい》するように作用してきた。国を絶対的な単位として考察が進められることで越境文化交通を理解しようとする姿勢によって、この共謀性はさらに助長されている。

日本で「アジア」を語る際に、ともすれば「内なるアジア」への視点が忘却されることはたんなる偶然ではない。国家規制のもとで発達した新聞・ラジオ・テレビ・映画は、近代における国民の形成に大きな役割を演じてきた。これらのメディアは「国民・ネーション」というシンボリックな共同体を日常的に表象して、実際にはほとんど顔を合わすことのない幾多の構成員のあいだに同じ共同体に属しているという意識をもたらしている。さまざまな表現方法によって、「われわれ」の親密性・均質性と伝統性・連続性が繰り返し描き出され、ネーションという共同体の境界線と時空間的な自明性が紡ぎ出される。メディアは空間を超えて情緒的なつながりを喚起して、共同体を想像＝創造するのである。

しかし、つながることのこうした構築的な側面は、支配、排除、否認、無関心という否定的な側面とつねに隣合せにある。ナショナルな共同体の境界を構築し維持するためには、「われわれ」の共同体には含まれない、異質で劣った外部の「彼ら」のイメージがメディアを通じて繰り返し再生産されている。一方では、最近の「テロ」「外国人犯罪」「北朝鮮」にかんする報道が雄弁に物語っているように、問題の複雑さと核心が掘り下げられることなく、センセーショナルな映像とコメントの繰り返しによって二項対立的に全体化された「われわれ」を脅かす「危険な彼ら」という短絡的なイメージがつぎつぎと送り出されている。国民という「想像の共同体」はまた、社会内部の構成員にも序列をつけ、異質な人々を排除・周縁化することで成り立っている。近代日本においてたとえばアイヌ、朝鮮人、沖縄といった民族や地域が暴力的に国民国家の箍《たが》に組み込まれながら、実質的にはマイノリティとして国民という語りから排除され、差別的に表象されてきた。「われわれ日本人」「公共性」という言葉が発せられるとき、そこには誰が含まれていないのかという問題をつねにはらんでいる。

田仲、東、日吉の論考は近代日本において社会の周縁に位置づけられながら、日本社会の正当ではない、あるいは不可視な構成員でありつづけてきた内なる「アジア他者」に焦点をあてる。マスメディアとは異なる場で実践されるあらたな音楽・映画表現の興隆にそれぞれ目を向けながら、日本のメディア公共性と文化市民権の問題を批判的に照らし出している。

メディアと人の移動の活性化は「いまここ」ではないものへの想像力を生み出すとともに、社会内外の「他者」を都合良く消費する（あるいは無視する）ことを一層うながしてもいる。田仲は、日本のメディアにあらわれる「アジア」イメージが大幅にふえるなかで、その表象には「アジアのいま」を「日本の過去」と重ね合わせてエキゾチシズムを喚起する、オリエンタリスト的思考が執拗に頭をもたげているると批判する。そこに見られるのは、「日本」側が自分自身を語る際のわかりやすい参照点としての負の「鏡」の役割を与えられた「アジア」の表象のされ方である。日本の帝国主義の歴史のなかで培われてきたアジア観が今なお（再）生産されている〔岩渕 2001も参照〕。

田仲はさらに、日本のマスメディアが照射するこうした「アジア」他者へのオリエンタリスト的なまなざしが「沖縄」へのそれと重なっていることを指摘する。戦前の南島論との連続性に言及しながら、田仲はとくに映画『ナビィの恋』に着目して、いかに沖縄が「癒し」の時空間として安易に物語られた、一元的で都合のいい他者として消費されているかを批判的に検討する。そのうえで、田仲は映画『夢幻琉球──つるヘンリー』をとおして、沖縄の混沌を本土にとっての心地よい距離感として照射するという支配的なメディア表象にかわるあらたな想像力を喚起する映像手法の可能性を考察する。それは、混線と移動が常態となっている、外部に(無理矢理)開かれた沖縄に立ちあらわれている混沌を混沌のままあらわし、「沖縄」を安易に物語ることを拒絶することで、短絡化された「了解可能な円環」の外へ出ようとする試みである。

東は在日朝鮮人をめぐる音楽表現に目を向けて、「日本」という均質化の力が強く働いている社会空間においても、異なる声・うたが織りなす公共圏がつねに複数存在してきたことを論ずる。「在日音楽」という概念・カテゴリーのあいまいさを想起することで、東は「歴史と現在のただなかの、階級・民族・エスニシティ・ジェンダー・言語・音楽スタイルなどが錯綜するアリーナのなかに私たち自身がいることを確認し、その彼方へと向かうこと」をめざす。マイノリティの音楽表現活動は、ナショナルな規制力とトランスナショナルな力学が交錯するなかで、支配的なマスメディアには包摂されない「自分(たち)」の場や文化を公共空間のなかに構築しようとする実践である。このような「知識人性」と「現場性」は、さまざまなかたちの音楽表現の実践をとおして生み出され、「日本」や「韓国」といった国文化の境界をまたいで折り重なり合っている。「在日音楽」とは、そうしたいまだ不可視な公共圏を構想するための命名の試みなのである。

東が提起する問題は、移民、難民、国際結婚など人間の越境移動が加速化する日本において一層緊要なものとなっている。日本国内に居住する外国籍の人の数は一九八〇年代後半から倍増し、東京ではいわゆる国際結婚が婚姻届を提出した一〇組に一組にのぼるという。日本と韓国、北朝鮮、中国、ベトナム、ブラジルといった複数の社会に物理的・心情的に帰属する人がふえるなかで、より開かれて包摂的な多文化社会を築くためにメディアがはたすべき役割はきわめて大きい。しかし、国文化の境界線を越える人の移動がもたらしている市民構成の変化に、日本のマスメディアは驚くほど無関心でありつづけており、その存在はいまだに公共空間の外におかれている。メディアの現場では日本国内の多様性が制作スタッフや記事・番組内容に反映されているとはいえず、その「客観性」と「公共性」は日本に住む多くの人々・集団を蔑ろにした偏ったものである。最近は、地上波のデジタル化にかんする議論がさかんだが、高画質、高機能、双方向性を備えたテレビのあらたなあり方が論じられるなかで、日本国内の多文化状況をどうしたら公共のテレビ放送に反映させることができるのかという視点がまったく出てこないのには驚きを感じざるをえない。

その無活動を見限るかのように、日本におけるエスニック・マイノリティや移民のメディア・文化活動は多様かつさかんになっている。いわゆるエスニック・マイノリティ・メディアの数が大幅にふえ、テレビ視聴の形態もトランスナショナルなものになっている。英語のグローバル放送やスターテレビ以外に韓国、中国、フィリピン、ブラジルなどの国々の衛星テレビ放送が視聴できるし、海賊版ビデオをとおして「母国」のニュース、テレビドラマが日常的に楽しまれている。インターネット放送は国境を越えた連結をさらに容易にし、地理的に遠く離れた場所・人のつながりが(再)構築され維持されている。

日吉の章は日本在住のベトナム系住民がグローバルに点在する越僑コミュニティを結ぶネットワークの一部となっていることを、メディア活動と音楽文化表現をとおして描き出す。とくにベトナム戦争以降、多くのベトナム人が難民、あるいは移民としてアメリカなど世界各地へ離散した。世界各地の越僑コミュニティは、ロサンジェルスを拠点にしたメディア生産活動などをとおして、相互の連帯を維持・強化してきた。最近では、その活動はベトナム本国をも巻き込みながら展開するようになり、特定の国や地域に根ざさないネットワークによって結ばれるトランスナショナルな文化圏を形成している。日吉は、日本のベトナム系住民も「いまここ」には存在しない世界各地の越僑コミュニティとたがいに連繫を深めながらあらたなメディア・音楽表現を実践しており、「日本」というローカルから世界各地に張り巡らされた越僑ネットワークに積極的に参画していることを示す。さらに、その活動は他の越境的な「アジア」のネットワークやホスト社会をも巻き込んでおり、越僑をも越えるあらたなつながりが生まれている。

多文化社会における差異と共同性をめぐる問題は、世界各地で共有されているが、それは国境によって明瞭に分離された社会のなかだけで解決できるものではなくなっている。田仲、東、日吉の章がそれぞれ示唆するように、それはある社会内の問題であるとともに複数の社会の関係性のなかで生じており、地球規模で起こっている変動や他の地域の事象とも深く連関している。「内なるアジア他者」として都合良く消費され、周縁化され、忘却される人々と彼／彼女たちの日常的な文化実践をトランス・アジアの視座からあらためて光りをあてることで、国文化の枠組みには収まりきらない多様な差異と公共圏が、国地域を越えて幾多の境界線やネットワークが交錯する「アジア」という想像空間に開かれながら混在していることを理解することができる。この取組みは「日本」、あるいは「アジア」を閉じた社会空間としてとらえる発想を打破するにとどまらず、さらに「トランス」のもうひとつの重要な意味である「別の状態へ」向かうことに結びつくものでなければならないだろう。つまり、私たちの体の奥底にまで染み渡っている排他的な国文化の枠組みに基づいた世界認識を意識的に看破しながら、いまだ現出していない、より民主的で多元的な公共性を体現した社会のあり方を具体的に模索していくことである。求められているのは「いまここ」の問題に傾倒することをとおしてしか国文化の境界を越えることなどできないという実践的な姿勢であり、「越えた」瞬間に待ち受けているのは幾層にも統制された境界線や壁とのあらたな取組みであることを忘れない、しなやかな意志である。

参考文献

イエン・アン、ジョン・ストラットン「アジア化するオーストラリア――カルチュラル・スタディーズにおける批判的なトランスナショナリズムに向けての考察」(伊豫谷登士翁、酒井直樹、テッサ・モリス＝スズキ編『グローバリゼーションのなかのアジア――カルチュラル・スタディーズの現在』未来社　一九九八年　三五〜八〇頁)

岩渕功一『トランスナショナル・ジャパン――アジアをつなぐポピュラー文化』岩波書店　二〇〇一年

岩渕功一「『つながるアジア』の誘惑――ポピュラー文化がもたらす対話の可能性」(『アジア新世紀　五巻　市場』岩波書店　二〇〇三年)[2003a]

岩渕功一編『グローバル・プリズム――「アジアン・ドリーム」としての日本テレビドラマ』平凡社　二〇〇三年[2003b]

ジョン・トムリンソン(片岡信訳)『文化帝国主義』青土社　一九九五年

Hall, Stuart, 'The Local and the Global: Globalization and Ethnicity', in *Culture, Globalization, and the World-System: Contemporary Conditions for the Representation of identity*, edited by Anthony King, London: Macmillan, 1991, 19–39.

Hannerz, Ulf, *Transnational Connections: Culture, People, Places,* London: Routledge, 1996.

Rouse, Roger, 'Thinking through Transnationalism: Notes on the cultural politics of class relations in the contemporary United States', *Public Culture*, 7, 1995, 353–402.

Ⅰ 越えるつながり、越えない文化

第一章　伊藤 守

「日本偶像劇」と錯綜するアイデンティティ

台湾における日本製テレビドラマの消費

日本文化と台湾社会

一九九〇年代にはいり台湾では日本ブームがわきあがった。その大きな契機となったのは、一九九二年にスターＴＶがアジアの中国語市場向けに放送を開始した『偶像劇場』であったという。それ以降、多くのケーブルテレビによって、『高校教師』『魔女の条件』『東京ラブストーリー』『ラブジェネレーション』『ロングバケーション』『失楽園』などの多様な日本のドラマが放送されるなかで、日本のほかの文化商品、音楽や映画の消費も一気に拡大し、日本ブームが引き起こされた。その代表が、「哈日族《ハーリーズー》」といわれる「日本流行文化の主体的消費者、そして偶像劇を能動的に大量に視聴する」十代や二十代の若者の登場である。一九八〇年代までは、日本のテレビ番組はもちろんのこと、各種の映像やマンガや音楽も台湾社会で公式に流通できなかったことを考えるならば、こうした日本文化の熱狂的な受容は、たんに台湾と日本の文化的関係の緊密化や文化移動の深まりという点にとどまらず、台湾の文化市場自体の「劇的」な変化を象徴する出来事であったと考えてよい。台湾と日本とのあいだに生じた関係の変化は、両国の関係だけに領域化されるような性格のものではなく、むしろ戦後の台湾社会にあらわれた「中国」「アメリカ」そして「日本」とのあいだの競合や対抗や包接の歴史的な過程、そして現在のグローバルな文化の移動とそれに対応した台湾の文化政策と台湾市民の文化的欲求の変化、これらさまざまな要因が複雑に、重層的に交錯して生まれた「劇的」な変化なのである。

こうした日本文化の台湾社会における大量消費という現象にかんしては日本でもすでにいくつかの優れた研究がある。この問題をもっとも包括的に論じた鄭秀娟は、日本による台湾の植民地化時代、そして戦後の台湾における「脱日本化」「中国化」「アメリカ化」の歴史過程を綿密に跡づけながら、一九九〇年代の台湾の文化市場における「日本」の意味合いを批判的に検討している。また台湾のみならず東南アジアの各国で日本の文化商品が幅広く消費されている背景をいち早く分析し、ジャパナイゼーションと総称される現象の根底に「文化の近似性と近時性」があることを指摘した岩渕功一の論考や、台湾のポスト植民地時代の文化変容を映画やサウンドの制作と受容の変化から分析した丸川哲史の論考がある。さらに若林正丈は政治構造の歴史的変化に焦点を設定し、文化やメディア環境の変容とその問題を関連づけて考察を加えている。

この章では、これらの先行研究を踏まえ、日本ブームの意味を、現代の台湾の文化政治的なコンテクスト、そしてそれと深くかかわり、一九八〇年代後半から九〇年代を通じて大きく変貌した台湾のメディア環境と関連づけながら考察する。まず、日本ブームの火つけ役となった恋愛ドラマの特徴を明らかにしておこう。

「日本偶像劇」の特徴

台湾で絶大な人気を獲得した「日本偶像劇」の特徴をここでは三本のドラマから析出しておこう。ひとつは一九九二年スターTVで放送され、日本ブームのきっかけをつくったとされる『東京ラブストーリー』であり、つぎにこれも日本と台湾の両地域で高い視聴率を獲得した『ロングバケーション』、そして第三にこの二つの番組のパロディー版ともいえる『やまとなでしこ』、の三本である。

海外生活を終えて帰国した快活な女性「赤名リカ」が主人公の『東京ラブストーリー』と、売れない三十一歳のモデル「葉山南」を主人公にした『ロングバケーション』、そして二〇〇〇年に放送された『やまとなでしこ』には、いくつかの共通した特徴がある。そのひとつは、主要登場人物の配置とそこに体現された価値構造とでもいうべきものの連続性である。とくにそれは、対照的な性格をもつ二つのタイプの女性像にはっきりと示されている。

『東京ラブストーリー』のヒロイン「リカ」は仕事にも恋愛にも積極的にアタックする活動的な女性として、そしてその恋人役の「永尾完治」は、性格は優しいが、優柔不断で、口数が少ない青年として登場する。この二人の主人公の脇役として登場するのが「完治」の同級生の「さとみ」と「三上健一」である。この二人は「リカ」と「完治」と著しい対象をなす存在として表象されている。「さとみ」は、なにごとにたいしてもはっきりした態度を示せず、男性に頼り、男性に従う、受動的な行動パタンの典型のような女性である。また医者をめざす「三上」は、「完治」の優柔不断な性格と異なり、強引で、積極的に女性をリードする男性として描かれている。確認すべきは、対照的な女性像として「リカ」と「さとみ」が設定され、また「完治」と「三上」も好対照をなす男性として表象されていることだ。

結婚相手に逃げられたモデル「南」と、大学院の受験に失敗しピアノ教室のアルバイトで生活する「瀬名」がヒロイン・ヒーローとなった『ロングバケーション』の主要な登場人物もまた四人である。ここでも注目されるのは、「南」と、「瀬名」の最初の恋人「涼子」との対立的な描かれ方である。それは二人のファッションや言葉遣いにもあらわれている。「南」はいつもパンツ姿であるのにたいして、「涼子」は典型的な「お嬢様」タイプの音大生でいつもロングのスカートを身につけ、「男ことば」を使う「南」とは対照的だ。

金持ちの男との結婚を夢見て合コンを重ねるスチュワーデスの「神野桜子」と、数学を専攻してMITに留学したにもかかわらず、父の死を転機に魚屋を継いだ「中原欧介」をめぐるラブコメディである『やまとなでしこ』も、ほぼ同様の構造をなしている。類まれな美貌を武器に男を手玉にとる「桜子」。それにたいして、七年前の失恋から立ち直れず、数学研究の挫折からも吹っ切れず、なにごとにたいしても積極的になれない「欧介」。この二人に加えて、「桜子」に積極的にアタックして婚約までした病院副院長の「東十条司」と「欧介」に恋心を抱きながらも本心をいえない「塩田若菜」という、四人の登場人物の配置は、先行した二つの番組をほぼ完全に踏襲しているといえるだろう。

三つの番組にみられるこうした構造的な共通性は、なにを物語っているのだろうか。最初にいえることは、一九九〇年代を代表するこの三つの番組が、特定の二つのタイプの女性を対比させて、「リカ」や「南」や「桜子」に表象代表されるような、性にたいして開放的で、仕事にも積極的な、笑顔をたやさない、快活な女性を、現代のあるべき女性性として描いたということだろう。それは、従来の価値規範やジェンダーの概念からいえばむしろプラスのイメージを付与されてきた「さとみ」「涼子」「若菜」型の女性像からの大きな転換であった。

しかし、ここで注目すべきは、じつのところ、「リカ」と「南」に代表される「女性性」の構築はそれほど単純ではないということだ。たとえば、「リカ」がアメリカへの転勤が決まりかけた場面での、「完治がいくなといってくれたら、いかないよ」という「リカ」のセリフが象徴するように、「リカ」は男性をリードし積極的に行動する女性であるだけでなく、男性にしっかりつかまえていてほしいと望む、いわば「古風な」女性としても描かれている。

あるいはまた「南」の場合でも、男ことばを使い、快活で饒舌《じょうぜつ》な反面、本当に好きな「瀬名」の前では言葉につまる、これまで一般にいわれてきた「女らしさ」をもった女性としても表象されている。また「桜子」にしても、「世の中で一番大切なものはお金」といい放ちながらも、「一番大切なものは心」であることを教える「欧介」の前では涙を流してしまう純真な心をもつ女性として表象されている。アンビバレントな女性のキャラクターの描写、女性の複雑な心の揺れの描写が、ドラマのリアリティを構成する一因となっていることは容易に想像される。活発で、行動的、現代的な女性として表象された

「リカ」と「南」と「桜子」の女性性は、伝統的な価値や、これまでの「女らしさ」とも節合されながら、けっして一面的に構成されているわけではないのだ。

この三つのドラマに共通する第二の特徴は、「大人になりきれない男性」が「強い自由な自立した女性」との関係を通じて成長するという「成長」の物語性である。「リカ」との交際を通じて成長し、「さとみ」と結婚した「完治」と数年後に再会する「リカ」、ピアノコンクールで優勝した「瀬名」と一緒にアメリカに旅立った「南」、そして再度数学の研究をアメリカでおこなうことに決めた「欧介」を追いかけてアメリカに向かう「桜子」、これら一連のストーリー展開を額面どおりに受け取るならば、このドラマを、「弱い、大人になりきれない男性」を成長させる「強い、自由な女性」を描いたドラマであるとか、現代社会における「女性の自立」の高まりを「反映」し、その流れを積極的に表象するドラマであったと評価することも可能かもしれない。しかし、「自由な自立した女性」という表象自体、これらのドラマのなかで終始一貫して構築されつづけたわけではない。

たとえば、いま述べたように、『ロングバケーション』『やまとなでしこ』そのどちらも、最終的な結末は、ヒーローの成功のもとで、彼に従い、アメリカにともにいく、という「ハッピーエンド」でしめくくられる。「成功」した男性と、一切の仕事を投げ打ってその男性と結婚する女性、という「戦後型家族」の「物語」の図式に、このドラマ全体が回収されていくのである。したがって、これらの番組を、女性の自立を肯定する、現代のシンデレラ物語であるとして、単純に批評するわけにはいかない。そこには巧妙なかたちでジェンダー・ポリティックスの問題が忍び込んでいるのである。

以上みてきたように、これらの番組には構造的同一性がある。そして台湾をはじめとするほかの東南アジア地域で多くの若者に受け入れられた要素のひとつとして、はっきりと自己主張する女性の姿とともに、他方では最終的に成功した男性に従って結婚にいたるという、現代性と保守性がミックスしたわかりやすいストーリー展開があることが推測できる。しかし、ヒットの理由はそれだけではない。

共通する第三の特徴は、ドラマのなかで使われる携帯電話やさまざまな小道具のちょっとした使いこなし方や、オシャレでウイットに富む会話のやりとり、さらに最先端の都市建築をバックにしたロケ地の雰囲気など、個々の洗練された現代風の短いシーンの演出が多用されていることである。しかも、日本の視聴者も、台湾の視聴者の多くも、その演出手法に共感し、その演出を通じてドラマをなにかしらリアルなものとして視聴しているのである。ここにこそ、これらのテレビドラマがヒットしたもっとも重要な要素が隠されている。多くの視聴者にとって、これらのドラマは、現実に経験することができない虚構の世界である。にもかかわらず、そこに描かれた、都会のオシャレな空間、たがいに引かれ合う二人のなにげない会話は、彼らにとってもしかすると自分にもおとずれるかもしれない、微妙なリアル感をかもしだしていく。ハイパーモダンな都市空間とそこに生きる人間の姿、それら願望や夢の想像上の世界を可視化する装置として、テレビドラマが享受されているのだ。

このように、日本のドラマ番組がヒットした理由として、テクスト上の要因、つまり新しい女性性の表象や新しい演出の方法があげられる。それらの要因は、「おもしろくない」として若者世代に評価されてこなかった台湾の娯楽番組に風穴をあける大きなインパクトを与えたといえる。だが、こうした番組の内容や形式といった要因だけに、日本ブームの理由を求めてはならないだろう。たとえば、多くの若者に日本の文化商品が受け入れられたとはいえ、この「日本ブーム」を批判し、「日本」を拒否する人々もいる。日本の文化を受容した「哈日族」、そして彼らを揶揄《やゆ》し批判する人たち。そこには一体いかなる文化的背景や資源の違いが存在するのだろうか。こうした問題を考えるためにも、私たちは、台湾の文化的・政治的文脈の複雑な関係に目を向ける必要がある。

メディア環境の変貌

日本ブームが起きた一九九〇年代台湾の文化市場の特徴を考える場合、なによりも台湾の文化政策とそのもとで生じたメディア環境の変容が重要な意味をもっている。一九八〇年代まで、日本のテレビ番組やマンガや音楽も台湾社会で公式に流通できなかったことを指摘したが、この構造が大きく変化した背景には、メディア環境の制度的な変化、さらにその変化を顕在化させたさまざまな力が存在したからである。日本文化の受容をめぐる台湾の文化市場の関係に焦点をしぼりながら、その諸相を詳しくみておこう。

台湾の戦後史を振り返るとき、一九八七年に蔣介石の後継者である蔣経国によって戒厳令が解除された時期をひとつの展開点とみることができる。その前年には政党解禁、翌年の一九八八年には新聞解禁が実行されたことからも理解されるように、この時期に台湾社会の民主化が、八〇年代を通じた経済発展と中産階級の拡大、それに裏づけられた政治的権利要求・民主化要求の高まりにたいする政府側の対応策として、急速に進んだからである。

ところで、台湾社会の構造が大きく変動したこの一九八〇年代、台湾のテレビ放送は、六二年からあいついで開局した台視（TTV）、中視（CTV）、華視（CTS）の地上波三局体制を二〇年以上にわたって維持していた。しかもこの三局は、商業放送とはいえ、いずれも国民党政権と深い関係にあり、準国営放送とでもいうべき特徴をもっていたために、市民の不満がこうした三局体制自体にも向けられていた。こうしたなかで生まれたのが、非合法のかたちでつぎつぎに設立された、当時のニューメディア、ケーブルテレビである。台視（TTV）、中視（CTV）、華視（CTS）の三局に続く第四のチャンネルとして「第四台」と呼ばれたこのケーブルテレビが設立された経緯についてはいまだ不明瞭な点が多い。一部には国民党に反対する勢力の資金が流れていたとする説もある。また政府がこうした非合法のチャンネルをなぜ黙認したのか。その理由について、若林正丈は民主化要求の抑圧よりもある程度容認するほうが政治的リスクが低いと判断した結果であると指摘している［若林 1989］。

ともかく、この時期に、政権党のメディア独裁体制に対抗するかたちで不法のケーブルテレビが普及し、日本のテレビ番組はこうした新しい情報流通システムを基盤にして分配され、台湾社会のなかでなかば「公然」と視聴できる空間がつくりだされたのである。その普及は、一九八三年の段階ですでに台北を中心として約三〇万世帯が加入、九三年には全土で世帯普及率が五〇％を超えるほどであった。こうした事態を受けて、一九九三年に政府新聞局は地上波テレビの日本製テレビ番組（ならびに歌謡曲）の放送禁止令を廃止する一方で、「有線テレビ法」を施行してケーブルテレビによる日本製テレビ番組の合法的放映を認める。さらに同年衛星放送が開始され、アンテナを通じた直接受信も可能となる。そして一九九七年には、民主進歩党が中心となって組織したとされる民視（FTV）と、政府交付金と企業からの寄付金を財源とする公視（PTV）が開設されたのである。

このような経過を振り返るならば、この二十数年たらずのあいだの「激変」が理解できるだろう。現在は、地上波五局をはじめとして、音楽専門局、アニメ専門局、映画専門局、日本番組専門局、そして欧米のCNN、HOB、ESPN、中国の中央電視台のCCTVを含め、七〇チャンネルを要するケーブルテレビが存在し、台湾はアジアでももっとも進んだ多チャンネル環境のひとつとなっている。しかもHBOやCINEMAXなどのアメリカ資本、「衛視中文台」のような香港資本の局、そしてSONYの出資による「超視」などに象徴されるように、台湾のテレビメディアは台湾資本、そしてアメリカ、欧米、香港、日本のメディア資本が交錯する複雑な競争環境を形成している。

メディア環境の変化はテレビメディアだけにとどまらない。映画と音楽についてもみておこう。一九七二年の日本との国交断絶後、日本映画は全面輸入禁止の措置を受けていた。また音楽市場でも日本の歌謡曲やポップミュージックを自由に享受できなかった。しかし日本の音楽や映画にまったく接することができなかったというわけではない。音楽市場にかんしていえば、一九六〇年代には演歌を中心に日本のカバー曲が消費されていた。七〇年代にはいるとポピュラー音楽の産業化と市場拡大、リスナーの拡大といった要素が絡まり、日本のカバー曲が急増していく。『長崎は今日も雨だった』『瀬戸の花嫁』『北国の春』などに代表される多くの日本製ポピュラーミュージックのカバー曲がつくられたのである。

屋葺素子によれば、一九七〇年代から八〇年代に台湾で日本のカバー曲がこのように量産された要因として、歌手の急増に見合う作曲(者)が台湾では少なかったこと、録音技術の進歩によってアルバム制作が比較的容易になったこと、日本製ということにこだわらず、売れるものは売るという商業主義の台頭があったという[屋葺 2001]。後述するように、こうした動向を経済的な要因からだけ説明することはできないが、日本のカバー曲は当時の台湾の音楽市場にとって供給量の少なさを補う「低コスト」の格好の商品として提供され、消費されたのである。

さらに一九八〇年代後半から九〇年代には、音楽媒体がレコードからCDへと変化するなかで、カバーではない、大量の海賊版(盤)が大量に市場に出回ることになった。吹替えではなく、日本製音楽のオリジナルが消費できるようになったわけだ。

映像にかんしても同様のことがいえる。すでに指摘したように、日本の映画やテレビ番組の提供は違法であった。とはいえ、邱琡雯によれば、海賊版のビデオ、衛星アンテナ、共同アンテナなど多様な形態をとりながら、法の網の目を逃れるように、ホテルや喫茶店などを通じてさまざまな日本製の映像が消費されていたという[邱 2002]。またケリー・フーが指摘するように、VCDの普及がこうした日本製映像の分配と消費の過程ではたした役割も見逃せない[フー 2003]。そしてこうした歴史過程をへて、一九九四年に日本の映画の輸入と放映が全面解禁されたのである。

台湾の文化市場における日本ブームの背景には、これまで述べたような、情報流通のマテリアルな基盤の変化、そしてそれにともなう製作や制度上の変化がある。しかし、それにもましてここで注目したい点がいくつかある。これまでの議論を整理しておこう。第一に、一九九〇年代にはいり、日本の文化商品が解禁となり、日本ブームが生ずる過程には、それ以前の日本音楽のカバー曲の受容や映像・音楽の海賊版(盤)の普及という長い歴史過程が存在していることである。九〇年代にはいり、突然、台湾社会で日本文化が消費され始めたわけではない。ポスト植民地時代にたいする「ノスタルジー」も含めて、日本文化にたいする複雑な受容過程が存在し、それが身体化、記憶化される、重層的な過程があってはじめてその後の日本ブームが現出したのである。

第二に、国民党政権下における文化政策、メディア政策にたいする不満が広範囲に存在し、その力が台湾社会における文化市場の変化を生み出したことである。とりわけあらたな文化享受のための回路として、ケーブルテレビがオルタナティブなメディアとして重要な機能をはたしたということだ。

第三は、こうした変化の基底に、台湾市民の民主化要求の高まり、という政治的・文化的な意識の構造的変化があることも見過ごしてはならないだろう。いいかえれば、日本ブームは、五〇年におよぶ植民地化と戦後のポストコロニアルな歴史を背負った台湾の文化的コンテクスト、さらにグローバル化や一九八〇〜九〇年代に生起した複合的な政治的・文化的な要因との関連のなかで生まれたという点である。今指摘した、戦後のポストコロニアルな歴史を背負った台湾の文化的コンテクストの問題をより深く考えるための補助線として、メディア環境の変貌と軌を一にした言語環境の変化についても考察を加えておこう。

多言語社会台湾の言語環境

　よく知られるように、台湾社会は多言語社会である。日本の植民地化以前、台湾では閩南《ミンナン》語、客家《ハッカ》語、そして高砂人の言語が混在したが、植民地時代には日本への同化政策の一貫として、日本語を「国語」に規定し、奨励と懲罰をともなった日本語教育がおこなわれた。こうして、第一言語を台湾語（ここでは閩南語と考えておく）、第二言語を日本語とせざるをえなかった戦前世代が産まれる。一九四九年に国民党政権が大陸から台湾に退き、「中華民国台湾省」に変えたあとは一転して「国語＝日本語」を「国語＝北京語」に変換する政策がつぎつぎに打ち出されていく。鄭秀娟が述べるように、これ以降、学校教育の場はもちろんのこと、「国語」の学習塾やラジオの「国語」講座の開設など、日本語と台湾語をしゃべる本省人と、大陸から二〇〇万人ともいわれる国民党とともに台湾に移動した大陸各地の方言を話す外省人とを、ともに統合する「中国化」の重要な手段として「国語」運動がおこなわれていくのである［鄭 2002］。第一言語が台湾語、第二言語が北京語＝国語であるとはいえ、支配言語を北京語とする言語環境のなかで生活する戦後第一世代の誕生である。

　この言語政策過程でメディアがはたした役割は大きい。とくにテレビの役割は見落とせない。すでに紹介した台視、中視、華視の三局では人気のあった方言での番組が減らされ、一九七六年に制定されたラジオ・テレビ法では「放送で使われる言語は国語を主にすること、方言は年々減少させる。その割合は、新聞局が実際の状況によって定める」と明文化され、主管機関の新聞局が出版した「テレビ番組制作の規範マニュアル」では、「その割合は夜間三〇分間の方言番組、昼一〇分間の方言ニュースに限られており、それ以外の放送では純正な『国語』が要求された」という〔鄭 2002〕。テレビは北京語の支配言語としての正当性を担保し、維持するために有力なメディアとして機能したのである。

三局の放送メディア体制にたいする台湾市民の不満は、たしかに政府寄りとの指摘を受けてきた報道番組や、おもしろくないと評価されなかった娯楽番組など、番組の内容や質にかんするものであった。しかし他方でこうした「放送言語」にたいする不満が潜在していたことも十分想定できる。実際、筆者が調査した二〇〇一年の時期には、いわば「下からの台湾化」とでもいうべきかたちで、台視、華視、中視の三局の娯楽番組でも台湾語の使用がふえており、後発の公視や民視ではこの三局以上に台湾語が使用される状況が生まれ、それを多くの若者が肯定的に評価する声が聞かれた。こうした「台湾語の見直し」は、台湾語のポップミュージックが活発となってきたこと、また若者のあいだで台湾語をしゃべることが一種の流行とでもいえる兆しを示していることにもあらわれている〔丸川 2000〕。国語が第一言語、台湾語が第二言語である戦後第二世代が産まれ、国語の浸透が進む一方で、一九八〇年代の民主化とそれに随伴したメディア環境の変貌のなかで「台湾語の復権」〔同〕が確実に進んでいるのである。

北京語と台湾語をめぐる位階関係、さらにいえば、こうした言語をめぐる関係の基底をなす外省人と本省人とのあいだの文化的でもあり政治的でもある複雑な関係――それはまたエリート層と労働者階級という階級間の利害対立をはらみ、国民党支持と反国民党という明らかな政治的対立をも内部にはらむ関係――は、植民地解放後の日本文化の受容を深いレベルで規定していたのではないだろうか。

たとえば、すでにみてきたように、一九六〇年代から七〇年代にかけての日本歌謡のカバーバージョンから八〇～九〇年代の海賊版（盤）の受容過程が存在していたが、その過程には「中国化」の一貫として「国語＝北京語」政策の推進が深くかかわっている。政府はテレビや映画のジャンルと同様に音楽の分野でも「国語＝北京語」歌謡を押し進めた。そのために、「国語＝北京語」を解さない人々、つまり戦後一世代の人々、学歴の低い労働者階級の人々の音楽受容の範囲が狭められてしまったのである。そうした複雑な空間に浸透したのが、日本歌謡のカバーバージョンであった。すでに論じたように、台湾製の音楽ではなく、日本の音楽が浸透した背景には、台湾製作曲の供給量が少なかったことがあげられる。だが、それにもましてここで留意しておくべきなのは、このカバーバージョンの多くが、北京語への吹替えも存在したとはいえ、台湾語の吹替え版として消費されたということだ。いずれにしても、社会内部の亀裂、使用言語を通じた社会的格差の拡大、そして戦前と戦後の経験の断層という現実のなかで、日本歌謡のカバーバージョンが北京語や台湾語という異なる言語に翻訳され、受容されたのである。

このような歴史過程を振り返るならば、一九九〇年代の日本ブームを語る場合にも、台湾社会に固有の社会的コンテクストを抜きにしてはならないことがわかる。日本文化の受容をめぐる問題は、言語使用上の位階関係、それと深くリンクする経済的格差、そして台湾と大陸との地政学的な関係、さらに台湾のアイデンティティをめぐる構想のせめぎあいなど、複雑な社会関係のなかで改めて精緻に検討されねばならない。

「哈日族」とは一体だれなのか

日本と台湾の視聴者に共通した日本製テレビドラマにたいする共感からみえてくるのは、成熟した消費社会にある日本と、消費社会に突入した台湾社会との文化的近接性［岩渕 2001］、いいかえれば日本と台湾とのあいだの都市経験とテクストの文化的解釈コードの共有化という事態である。この点を確認しつつ、前述したように、言語の位階関係、経済的格差、そして台湾と大陸との地政学的な関係、さらに「台湾化」と総称される台湾のアイデンティティをめぐる構想のせめぎあいなど、台湾の複雑な歴史的文脈が、日本文化の受容を深いレベルで規定してきたことも明らかである。とするならば、今後より一層の検討が必要なのは、個々のオーディエンスが日本文化を積極的に受容したり、あるいは拒否する際の意味や位置づけの差異を精緻に読み解いていくことだろう。つまり、さまざまな屈折や捻れをはらむ台湾のポストコロニアルな歴史を背負い、文化的社会的バックボーンの違いに規定された台湾の人々の、日本文化にたいする共感や反発、同一化や拒否の意味をきめ細かく読み取ることであり、またそのことから浮かび上がる錯綜した政治文化的文脈を明らかにすることである。

すでに示唆したように、多くの若者が日本のテレビドラマに熱狂したといっても、すべての若者がそうであったわけではない。筆者のインタビューに学生の一人は「全然日本のテレビドラマなんか見ないやつもいるよ」と述べ、その彼はアメリカ滞在の経験があり「日本」にたいする軽蔑感があるのかもしれない、と指摘していた。この発言からは、当然のことながら、「アメリカ」と「日本」にたいする若者の心理的距離があり、その違いを産む文化的資源の差異があることが示唆される。日本ブームに共感する声、ブームを「日本カブレ」として批判する声、そして邱琡雯が引用しているような、批判する声にたいして反論する声——台湾テレビ番組の内容が日常生活とはまったく関係なく、社会の現実も反映していない。われわれはこのような番組に共感できない。台湾のつまらないドラマこそが私を哈日族にさせてしまった張本人だ——は、発言する者の当事者性と彼らがおかれた社会的文脈を浮彫りにしている。

さらにいえば、「中国化」にたいする心理的距離の違い、「中国化」のもとにあった台湾のメディア環境への心情的な距離の違い、そして「アメリカ」と「日本」への距離の違いなど、文化的資源の差異を背景とした発言の差異は、ジェンダーの境界ともクロスしているとみるべきだろう。多くの男性ファンも獲得したとはいえ、哈日族の中心的担い手は若い女性である。「おもしろくない」台湾の娯楽番組からもっとも疎外され、周辺化されてきた社会層のひとつが、男性ではなく、もし彼女たちであるとするなら、日本のテレビドラマは彼女たちをメディア消費の主体としてはじめて享受の表舞台に招き入れたのかもしれない。日本の文脈において、ジェンダー・ポリティックスの視点からみれば「保守的」であることを逃れえないドラマ群が、台湾の若い女性たちがおかれた消費のコンテクストにおいては「対抗的」あるいは「折衝的」な意味をもちえていた、そうしたことすら想定できるかもしれないのだ。一体、哈日族とはだれなのか。私たちはいまだ、哈日族をめぐる文化政治の複雑さとそれに答えることの難解さの前にいる。

＊筆者は、早稲田大学特定課題研究助成をえて、二〇〇一年五月に台湾でメディア関係者、台湾大学の学生を中心に聴取り調査をおこなった。本章はその調査に基づいている。またその成果の一部は、「メディアのグローバリゼーションと文化的アイデンティティ」『早稲田大学特定課題研究助成成果報告書』に掲載されている。また、台北の調査で協力していただいた陳麗君さんにお礼を申し上げる。

参考文献

伊藤守・藤田真文編『テレビジョン・ポリフォニー――番組・視聴者分析の試み』世界思想社　一九九九年
岩渕功一『トランスナショナル・ジャパン――アジアをつなぐポピュラー文化』岩波書店　二〇〇一年
邱琡雯「台湾における日本トレンディー・ドラマの受容と変容」（小倉充夫・加納弘勝編『東アジアと日本社会』東京大学出版会　二〇〇二年）
鄭秀娟「台湾の文化市場における「日本」の歴史的構築」（『思想』九三三号　二〇〇二年）
ケリー・フー「再創造される日本のテレビドラマ――中国語圏における海賊版ＶＣＤ」（岩渕功一編『グローバル・プリズム――「アジアン・ドリーム」としての日本テレビドラマ』平凡社　二〇〇三年）
丸川哲史『台湾、ポストコロニアルの身体』青土社　二〇〇〇年
丸川哲史「越境する音楽――中国・台湾の民主化とポップ・カルチャー」（陣野俊史編『21世紀のロック』青弓社　一九九九年）
屋葺素子「台湾における日本のポピュラー音楽の受容過程」（『二〇〇一年度財団法人交流協会日台交流センター歴史研究者交流事業報告書』二〇〇一年）
若林正丈「岐路に立つ政治体制」（若林正丈編『台湾――転換期の政治と経済』田畑出版　一九八九年）
若林正丈『台湾　分裂国家と民主化』東京大学出版会　一九九二年

第二章　清水知子

「犬はあなたで、犬はわたし」

アニメ『フランダースの犬』の旅をめぐって

旅するメディア文化二〇〇三

二〇〇三年五月九日、ベルギー北部のアントワープに『フランダースの犬』の主人公ネロとパトラッシュの記念碑が完成した。長方形の石造台座の中心にネロとパトラッシュの顔を彫り込んだ円形のガラス版をはめこみ、台座には日本語でこう記されている――「この物語は悲しみの奥底から見出す事のできる本当の希望と友情であり、永遠に語り継がれる私たちの宝物なのです」［「大島一悌氏へのインタビュー 2003」］。

じつは『フランダースの犬』が地元で知られるようになったのは、一九八五年のことである。もともとこの物語は、ウィーダ（本名ルイーズ・ド・ラ・ラメー）というイギリスの女性作家が一八七二年に書いたものだが、舞台の地元には翻訳もなくまったく知られていなかった。しかし、この物語を求めて日本から多くの観光客がアントワープの観光案内所をおとずれ、あまりに問合せが殺到したために、一九八五年、市の観光局がアントワープ郊外のホーボーケン地区に「日本人向けに」ネロとパトラッシュの銅像を建てたのだった。

自分にとってはなじみ深いと思ってきたこの作品が、物語の舞台の地ではまったく知られていなかったということのみならず、あいつぐ日本人観光客目当てに産業が成立してしまう（とくにホーボーケン地区にとっては『フランダースの犬』が唯一の観光資源であるといわれている）という現実には今さらながら驚きを隠せない。

『フランダースの犬』がはじめて日本に伝えられたのは一九〇九年。日高柿軒・日高善一の翻訳による（ちなみにこのときネロとパトラッシュは清とブチだった）。だが今日この物語の人気を支えているのは、なんといっても日本で改変されたアニメ『フランダースの犬』である。考えてみれば、私自身がこの物語を知ったのも原作ではなくテレビをとおしてであった。日曜夜七時半、一九七五年に放映された『フランダースの犬』は、以後九七年まで続く日本アニメーション製作の「世界名作劇場」（名作アニメ）の代表的番組となった。おもに十九世紀から二十世紀初頭の西欧諸国を舞台としたこのシリーズは、一九七〇年代後半に全盛期をむかえ、当時は軒並み二五〜三〇％の視聴率をあげていた。

興味深いことに、日本アニメ『フランダースの犬』は、ほぼ同時期の韓国においても放映されていた。ネロが教会で絵を見ながら死んでしまう最終回の日には、テレビを見るために団地の子どもがみんな家に帰ってしまったほどの絶大な人気で、「子どもにとって悲しいアニメの代表格」であった〔『ほえる犬は噛まない』映画パンフレット 2003:11〕。そして二〇〇〇年韓国、図らずも当時このアニメを目にしていたある少年によって『フランダースの犬』はまったく新しいかたちとなって登場することになる。

本章では、消費社会に突入していく時期の日本と韓国にそれぞれ表出した『フランダースの犬』に光りをあてていく。というのも『フランダースの犬』というメディア文化は、それ自体、旅をし、複数化しているからである。この「犬」の移動をみていくことによって、今日グローバル化と呼ばれる動きのなかで拡大しつつある不均衡、そして近代化のタイムラグとともに浮彫りにされる共有点と差異を探っていきたい。

記憶のなかの犬、犬のなかの記憶

一九六九年四月、日曜七時半のアニメシリーズが始まった（当時「カルピス劇場」、七五年以降「世界名作劇場」と呼ばれている）。このシリーズは七四年の『アルプスの少女ハイジ』と七五年の『フランダースの犬』によって決定的な人気をえた。『ハイジ』は「等身大の子どもの生活」をはじめて描いたアニメとしてその後の名作アニメ路線を確立したといわれ、またその翌年から始まる『フランダースの犬』は、壮絶な死をむかえる悲しいアニメとしていまや「世界名作劇場」の記念碑的番組となっている〔松本 1999 : 49〕。このアニメシリーズの人気は、さまざまな地域や過去との有機的なネットワークのなかで、社会の周縁といわれる位置から見えてくる世界をひとつの文化として鮮やかに再現している点にある。今振り返るとこれらのアニメは、そうした空間に生きる生活のにおいを幼児期の記憶とともに刻み込んでいく、ひとつの文化装置として大きな役割をはたしていたといえるかもしれない。

とくに『フランダースの犬』は、明るく楽しいアニメではなく、絵を愛するまっすぐな少年ネロと犬のパトラッシュが貧しさのさなかで息を引き取っていく悲しいアニメである。

ジェハンじいさんとミルク運びをして暮らすネロ、金物屋の過酷な労働に衰弱するパトラッシュ。二人は無二の親友となる。しかし、そうしたなか、仲良しの友人や知人との別れがあいつぎ、ついにはジェハンじいさんも死んでしまう。数々の苦難や不幸に直面したうえ、最後のかすかな希望であった絵のコンクールにも落選。ネロはもはや食べるものも住む家もない、独りぼっちの孤児となる。もはや生きることそのものに疲れ果ててしまったネロには、あとになってコゼツ旦那の風車の放火疑惑がネロのせいでないとわかったことも、街の画家がネロの絵を評価してネロの小屋まで訪ねてきたことも、もはやすべて遅すぎるのだった。ネロとパトラッシュは、凍てつく寒さのなか、だれをせめることもなく、憧れていたルーベンスの絵の前で息を引き取る。ネロの唯一の救いは、死の間際に、これまで拝観料を払えず、目にすることのできなかった、カーテンに覆われたルーベンスの絵を見ることができたことだ。ネロとパトラッシュは最期にこの念願の絵を目にし、これまでの疲労と、絵を目にした陶酔にも似た至福感につつまれながら息を引き取る。

しばしばこのアニメは、「貧しかった日本人にとっての癒し」として論じられている［長山 2003：14–26］。しかし、必ずしもそれだけではない。むしろこの物語に通底しているのは、あらゆるものを失い、法的・政治的共同体の余白を生きてきた「剝き出しの生」と「空腹の犬」の政治ではないだろうか。

というのも、パトラッシュが空腹と疲労で雪道に倒れながらも、最後にネロと一緒に寒々とした教会で息を引き取るラストシーンで私たちが目のあたりにするのは、今日、圧倒的な力でもって私たちの日常生活を覆う資本主義システムのなかで、私たちだれもが内にかかえもつ自分のなかの非人称的な周縁性と響き合う瞬間——それを「空腹の犬」の政治と呼びたい——であるからだ。

そもそも、『フランダースの犬』がネロの話ではなく、「フランダース」の「犬」の話であるということは重要である。街にミルクを運ぶ手間賃を唯一の収入源としたのがネロとジェハンじいさんなら、パトラッシュもまた資本家の飼い犬ではなく、自由な労働を求める犬であった。その一族は「親から子へと何世代にもフランダースで苦しい残酷な労役に服してきた奴隷中の奴隷であり、庶民のなかの犬」なのだ。ネロとパトラッシュにはなにも所有しているものはないが、二人には空腹を埋めることばの生まれる場所がある［田崎 2003:193］。

空腹を埋めることばの生まれる場所とは、情動・触発（アフェクト）が成立する平面である。なるほど、ネロとパトラッシュのように、資本主義システムから排除されたかたちで包摂された「無名の敗残者」の声は、大きな政治の世界には届かないかもしれない。しかしそこに刻みこまれた小さな出来事の堆積とその記憶は国境を越え、階級を越え、情動の連帯を創造する、来るべき地図の作成へと開かれたものである。「空腹の犬」の政治は、排他的に占有されながら、不特定のものに開かれ、それゆえに共有されるようなあり方と深くかかわっている。したがってそれは、政治的な代表・表象の回路をもたない無産者に、彼らの希望や欲望、痛みをパブリックな場で分節する契機を与えるかのように、資本主義を解体して知を解放する潜在的な動きをはらんでいる。この潜在性を、ルーベンスの絵に価格設定するという知性の私物化や、絵の拝観料を要求する、ある意味、資本主義的な論理と手を組んだ教会に読みとることは難しい。この潜在性は、むしろ、無産者であるゆえに絵を見ることのできないネロとパトラッシュを前に、不意に舞い込んで、絵を覆っていたカーテンをめくる「風」のような「私有しえない力、分配しえない力」［山の手 2001:40］に見てとれる。「空腹の犬」の政治がもつ潜在性は、そうした「風」のような力を中核に、現実を切り開く非人称的な政治力であるといえよう。

そもそも一九七五年当時、『フランダースの犬』が日本で圧倒的に支持されたのは、この作品があまりに悲しいアニメであったからだけではなく、むしろその当時の人々が今まさに経験しつつあった、「高度経済成長」という「未来」に向かうプロセスを邁進する「現在」のなかに、こうしたイメージが提出されたからではなかっただろうか。「高度経済成長」とは、日本が工業社会をへて欧米諸国同様の消費社会へ向かう時代。多くの家庭にカラーテレビが普及し、もう少し背伸びすれば海外旅行に手がとどきそうな時代。社会の第三次産業化、郊外の誕生、団地に象徴される現代化に向けて足を踏み入れる時代である。幼いころのローカルな記憶とグローバルな動向、テレビのなかで繰り広げられる世界と自分の目の前で繰り広げられる「現在」、行ったことのない「遠い」国ベルギーとどことなく共感を覚える貧しい生活の「近さ」、まっすぐなネロの心とテレビの前の幼年の自分、これらの空間と時制の混在、「貧しさ」と「豊かさ」の混在は『フランダースの犬』を熱狂的に支えていた要因のひとつでもある。

こうした「豊かさ」は、「経済成長」をめぐる語りのプロセスのなかで、国家が「世界化」に沿うかたちで、ある一定の文法に従って「文化」を産業化することによって現出している。それは、商品価値を見出せないものを切り捨てながら展開してきた資本主義システムの評価基準に基づいている。

そもそも、「高度経済成長」をリニアに「歴史」化する言説の多くは、ポスト産業社会——民間活力を導入し、労働と余暇、生産と遊技が区別できない、実質的に資本に包摂された社会——に向かうなかで形成されてきた。そのなかで名作アニメにみるような、「貧しさ」や労働の世界を基調とした当時のメディア文化は、結局のところ、今日、懐かしの品として受容され封印・消費されてしまうか、あるいは「がんばってどん底の貧しさからはいあがった日本」と重ねられて、あたかも過ぎ去った青春のように、懐古趣味的に語られることが多い。しかし、経済成長期に創出された数々のメディアテクストをそのようにメタレベルの視線からノスタルジーの対象として消費することは、そうしたメディアテクストのみならず、国家を中心とする枠組みのなかで形成されてきた生産社会そのものを、過去のものとして、グローバルな動きのなかで消費の対象へと配置しなおすことでもある。

このことは、名作アニメのみならず、「貧しさ」や困難に屈することなく、ひたすらひたむきに純粋に生きていく少女を描いた『おしん』(一九八三〜八四年)を頂点とする日本のメディアテクストが、歴史上、未曾有のスピードで進行している近代化のあとではなく、そのただなかにあるアジアの各国で支持されてきたという事実と照らし合わせるとき、より興味深い事実として浮かび上がってくる[梁 2003:129]。なぜなら、日本に限らず、ほかのどんな地域においても、そうした近代の下層を描き出すようなテレビ表象の隆盛は、ほぼ同時期に進行していた「世界化」に向けた「文化」の産業化と、まるで写真のネガとポジのような関係を取り結んでいるからである。

たとえば一九八三年、『おしん』と同じ時期に誕生した東京ディズニーランドは、民間活力を導入し、その後、日本各地に誕生するテーマパーク型の大衆消費イベントの先駆けであった。ディズニー批判として名高いドルフマンとマトゥラールによれば、ディズニーの世界には、経済的・性的・日常的・歴史的といったあらゆる形態での生産が消滅しており、またそこでの対立も、善と悪との争い、幸運な人間と不運な人間、利口とまぬけとの競争といったように、けっして社会的なものではない。そのためディズニーのキャラクターには、私たちの具体的な日常世界につきまとう物質的土台や、第二次セクター（現代社会を生み出し、ブルジョワジーや帝国主義の権力基盤をなしている工業）が存在しない。したがってキャラクターたちの経済生活を代表する下部構造は、工業にサーヴィスを提供し、工業にすっかり依存する第三次セクターからなっている。いわばその世界は、工業化の成果である大量消費に基づいた、「原罪なしの生産」「地球規模に広がった牧歌的生活」「労働の苦痛ぬきの余暇」「大気汚染のない大地」からなる「ポスト工業化社会の楽園」なのである［ドルフマン、マトゥラール 1984:173］。そしてディズニーランドもまた、生産者であるというより、むしろ消費者であるという私たちのアイデンティティによって形成されている。

ディズニーランドが、資本主義を徹底化するうえで、無益で役に立たないものを排除しっぱなしにする消費社会の幕開けであるとすると［吉見 1989:305–306］、同時にそこにみてとれるのは、こうした空間が、外部であった外国、あるいは海外からくる膨大な人間やモノや情報を、記号として他者化し歪曲していく様相であるといえるかもしれない。「安全な距離」を確保し、「心地よさ」だけを感じ取るという、迂回した相対化からなる独自の物質主義の創出。こうした動向は一九八五年プラザ合意もあいまって、一気に海外旅行が現実のものとなった「豊かな」日本人が、ネロとパトラッシュを求めてベルギーのアントワープ地方をおとずれ、またそうした日本人観光客相手にホーボーケン地区に建ったネロとパトラッシュの銅像とも決して無縁ではない。

もちろんこうした消費社会の「快楽」がなにを対象化し、なにを忘却・抑圧することによって生じているのかを考えることは必要だろう。しかし、こうした消費主義的空間を一方的に批判することはここでの目的ではない。ここで考えてみたいのは、「貧しさ」を象徴する『おしん』と「豊かさ」を象徴するディズニー文化を、おそらく同じ家族、同じ人物が享受していたということである。「貧しさ」と「豊かさ」の混在、生産者に依拠したアイデンティティと消費者に依拠したアイデンティティの混在。両者が交錯する萌芽的次元。こうした動向は、ジグムント・バウマンが「寄せ集めのアイデンティティ」と呼ぶ、あたかもどの店でも簡単に利用できる商品券のごとく柔軟性に富み、ゆるく構成されたアイデンティティとどこか呼応し、同時にそれをどこかアイロニカルに引き受ける主体、そうした主体の始まりを物語っているのではないだろうか。

『フランダースの犬』をはじめとする当時のメディア空間は、ともすると一方的に懐古的に語られることが多い。しかし、かつて「豊かさ」を夢見つつも「貧しさ」を享受した物質的労働者の視線と、「夢と魔法の王国」ディズニーランドへ向けたグローバルレベルの消費者の視線がイデオロギー的に相互補完関係にあったという事実は、案外忘れられている。

さらに興味深いのは、こうした様態がけっして日本に特有なものではないということである。つぎにみるように、一九九〇年代の韓国におけるロッテワールド、ネヴァーランドの誕生もまた、消費社会に足を踏み入れていく現代日本の「世界化」に向けた空間の演出や囲い込みの事例にみる、消費社会の「快楽」を支えるからくりとみごとに一致している。圧縮近代化と民主化闘争をとおして消費社会化へいたった韓国と、「アメリカ」と構造的に密接に絡みながら消費社会へ転換した日本が、まったく異なる冷戦体制下の記憶をもち、また近代化のタイムラグをともないながらも、である。

伝統の産業化

一九八八年ソウルオリンピック。歓声のわきあがる街なかからひっそりと姿を消した犬鍋屋。イギリスの動物愛護協会による「犬の肉を食べるような国に選手を派遣するな」という発言を皮切りに、犬食をめぐって欧米諸国からあいつぐ批判の声があがり、韓国政府はあえなく犬鍋屋に街の表通りから裏通りへ移動するように指示した。また二〇〇二年のワールドカップの際に、国際サッカー連盟(FIFA)のブラッター会長による「二〇〇二年のW杯共催国、韓国での犬や猫の虐待の風習について、多くの人々から抗議の手紙を受け取った」という発言と、それにたいするチョン・モンジュンW杯韓国組織委員会の見解「犬肉の食用問題はFIFAの関与する問題ではない」にみるやりとりも、私たちの記憶に新しい。

風景の劇的な変化とともに始まる近代化・都市化。団地の誕生、林立する超高層ビル、野良犬のいない風景もまたそのひとつである。しかしよくみてみると、こうした風景の変化と連動して進行する韓国の現代化が、「ナショナル」を打ち立てることで、グローバルに接続するという「文化」あるいは「伝統」の産業化を特徴としていることに気づく。たとえば、一九九九年の『シュリ』、二〇〇〇年の『JSA』、そして二〇〇一年には『友へ、チング』と、いわゆるブロックバスター映画があいついで登場している。だが、そこに共通するのは、ナショナルな歴史をノスタルジックに味つけした映像の商品化なのである。実際、四方田犬彦は、こうした韓国映画の特徴としてつぎの四点を指摘している。

第一に、一九九〇年代の韓国のイデオロギーである「世界化」の体現。これは「ハリウッドを模倣し、それを凌駕するアクション娯楽映画を巨額の予算で作ろうとする」点と「ベンチャー企業として映画制作を心がけ、大ヒットを通して市場を国内外に開発していこう」とする姿勢に端的に示されている。第二に、そうした動向を担っているのが一九八〇年代に民主化闘争を勝ち抜いた三八六世代であるという点。第三に、「内容的にも手法的にもこれまでの韓国映画のもつ韓国臭さから吹っ切れている」点。たとえば、アクションフィルムのカメラの回し方は過度に視聴覚テクノロジーに訴えたものであるし、ほかにも香港映画のようなノリやフランス映画風のシニシズムを取り入れたりと、「世界映画の同時性のなかで自らのスタイルを模索していこうという姿勢」がみられる。そして最後に、一九八〇年代の終わりの国立映像院をはじめ、国家が積極的に映画を後押ししているという点があげられる［四方田 2002:145–146］。

南北分断、諜報、軍という素材を「韓国らしさ」の記号としてノスタルジックに織り込みながら、今日のハリウッド的なマーケティングの手法で商品化した『シュリ』。考えてみれば日本における韓国映画人気のきっかけのひとつは、直截で草の根的な日韓文化交流というより、むしろ韓国が、グローバルな市場のなかで、ハリウッド的、あるいはディズニー的な文化の産業化の手法を我有化した点にあるといってもよい。このことは、同じく近代化を達成したといわれる現代韓国に登場したもうひとつの映画と対比するとき、より一層鮮明になるだろう。

食犬文化と愛犬文化の共存と歪曲

日本でアニメ『フランダースの犬』が放映されたわずか数年後、韓国で私たちと同じようにこの番組をテレビの前で目にしていた少年がいた。今日、『殺人の記憶』などで知られる韓国の映画監督ポン・ジュノである。一九六九年ソウル生まれ、映画アカデミー第十一期出身のポン・ジュノは、いわゆる三八六世代の一人で、九五年のバンクーバー映画祭において短編映画『支離滅裂』で注目をあび、その後『モーテルカクタス』(九七年)で助監督とシナリオの共同執筆を、『ユリョン』(九九年)で脚本共同執筆を担当した。そして二〇〇〇年に初の長編映画に取り組んだ。大学教師を夢見る一文無しの「プータロー」とアパートの管理事務所に勤める女子職員を中心に、あいつぐアパートの子犬失踪事件をめぐって展開するこの映画は、その名も『フランダースの犬』という。この年、香港国際映画祭での国際批評家賞をはじめ世界各地の映画祭で多大な注目を集めた。

しかし、じつはこの映画は、日本では『ほえる犬は噛まない』というタイトルで紹介された。ポン・ジュノいわく、韓国の上映では、まさに「逆説的な意味をこめて」日本のアニメのタイトルをつけたのだが、『フランダースの犬』といってもこの物語を知らない他国の人々にはピンとこないのではないかという海外の配給会社の配慮から、『ほえる犬は噛まない』というタイトルになったのだという[フォーラム「アジア映画は元気なのか」]。したがって、邦題に使われたのは海外向けのタイトルの日本語訳である。

ポン・ジュノが「逆接的な意味をこめて」というのは、おそらく監督自身が幼いときに見、監督と同世代の者たちだれもが夢中になった、韓国のある世代にとって共有可能な記憶を想起させる『フランダースの犬』というタイトルにもかかわらず、この映画はむしろそのアニメ像を期待する者を軽快に裏切るためにあるかのような映画であるからだ。この映画には、カラオケのシーンやエンディングにパンク調、ジャズ調に変化した日本製アニメ『フランダースの犬』のテーマソングが流れるものの、映画そのものもアニメではない。また、日本のアニメとは対照的に、「犬」も大きな労働犬ではなく、高層マンションに暮らす小型の洋犬ペットである。とりわけ、映画の冒頭にでてくる、声帯手術を施され、声を失った犬の姿は、その変化を如実に表しているといえよう。つまり、この映画は日本製アニメの痕跡を残しつつも、それを見事に変奏したコメディ、現代韓国版『フランダースの犬』なのである。過去をノスタルジックに振り返るというよりは、むしろ日本の倍速で進行した韓国の近代化によって引き起こされた諸々の変化を前に、袋小路にも似た困惑と共存しながら、それでもあたり前のように過ぎていく日々の生活を、それこそ日常ではありえない漫画的表現を折りこみながら、巧みに描き出している。

ここに映し出される「日常」は、先にふれたブロックバスター映画にみるようにアクションに満ちた派手なものでも、「韓国らしさ」をハリウッド風にアレンジして描き出した「歴史」ものでもない。舞

図1 『ほえる犬は噛まない』日本公開時映画パンフレット

図2 『フランダースの犬』(DVD)
(販売元：バンダイビジュアル)

台は閑静な郊外のマンション。小犬の連続失踪事件を機に物語が始まる。人気のない地下室で密かに犬鍋を楽しむ中年のホームレスとマンションの警備員(これまでの韓国臭を背負った近代化に取り残された中年男性)、そして中産階級幻想の象徴たるマンションに小型の洋犬というアイテム。

韓国の過去と現在を象徴するかのような食犬文化と愛犬文化は、グローバル化とともに大きく変貌した都市風景のただなかで、まさにメビウスの帯のごとく共在している。さらに、犬鍋という「伝統」は、異国の文化と韓国のナショナルな文化との摩擦という枠組みからとらえられるのではなく、むしろそのどちらにも与《くみ》することのない国内の新しい世代と、近代化に乗り遅れた国内の古い世代との距離感によって浮彫りにされている。

一方において、食犬か、愛犬かという「犬」をめぐる二重のまなざしは、ナショナルな縦軸からなる韓国とグローバルな横軸からなる韓国が交錯する、今日の韓国の文化の複数性を照らし出している。しかし他方において、食犬文化に距離感を抱く現代の若者はまた、皮肉にもマンションの地下室に住み着いていた浮浪者と同じ無産者層に属しているのである。事実、二〇〇一年五月三日付の『朝鮮日報』によれば、今日の韓国において博士失業は三五%にいたると報告され、とりわけ人文系は五四・五%、また女性博士の失業率はさらに高いと見積もられている。博士号の学位をもちつつ職のない主人公の青年、彼は大学の職に就くための賄賂《わいろ》を集めることができず一人悶々とする。そしてその彼=夫が大学での職をえるために、妊娠によりリストラされた自分の退職金を賄賂に捧げる妻という構図のどちらも、学歴インフレ社会、失業の増加、蔓延する賄賂という現代韓国の裏風景をすかしだしているといえよう。

さらにこのように近代化とグローバル化によって引き起こされた「過去」の韓国と「現在」の韓国の交錯する風景のなかに、急速な近代化という「進歩の歴史」の過程に生じたひずみがファンタジーとなって差し込まれている点も見逃がしてはならないだろう。

たとえば、地下室で犬鍋をしながらまことしやかに語られる怪談話がそうである。

一九八八年の建設ラッシュ時に建てられたこのマンションには、数々の欠陥が指摘されていた。調子の悪いボイラーを修理しにやってきたキム。しかし彼が建設の杜撰《ずさん》さを厳しく指摘したため建設業者と口論になり、キムは頭をぶつけて死亡。その死体はマンションの壁にセメントで埋め隠され、今なおボイラーからキムの口癖「イーン、イーン」という声が聞こえてくるという。

かつてベンヤミンは、人とモノの大量の集積と流通からなる過剰なまでの都市の刺激を「ショック」と呼び、都市に生きる人々はその感覚を不感症的に麻痺させることによって近代的な理性を獲得するのだと述べたが、映画の本質からすると、一見見過されがちなこの怪談話——ボイラーキムの物語化——は、ベンヤミン的な都市化の「ショック」によって生じた諸々のトラウマを忘却・想起する地点に出現している。いわば、近代化とグローバル化のひずみ・残余の形象として考えることができる。

かくして、ポン・ジュノの『フランダースの犬』は、近代化に取り残されたホームレス、都市を徘徊するバイト暮らしの若者という、「都市」と「地方」という二項軸によって、たがいを均質的な空間としてとらえられたときには見えてこない人々の日常を浮彫りにする。そこには現代韓国の「豊かさ」を象徴する「都市」のただなかにおいて、互いに食い違う視点が対照的に混在するおもしろさが、そのままの姿で軽快かつコミカルに映し出されているのである。

新しい過去と懐かしい未来

ところで、監督ポン・ジュノにとって、幼いころの記憶を集めたこの映画が日本製アニメを彷彿とさせるタイトル『フランダースの犬』であったということにはいささか奇妙な感覚を覚えないだろうか。知られるように、韓国は、一九七〇年代当時、日本の大衆文化を禁止していた。植民地時代の記憶と結びついた対日感情、そして六〇年代のパク・チョンヒ政権時には、国家建設・国民文化統合を強力に推進するために、(日本のみならず欧米、共産圏も含めた)外来文化の流入が規制されていた[林 2002:2]。その後一九九八年十月、日韓首脳会談でキム・デジュン大統領が日本の大衆文化の「開放」を宣言して以来、二〇〇三年までに三度の段階的な規制撤廃が進められ、二〇〇四年には、日本の映画、音盤、ゲーム等が解禁された。

反日路線を歩んできた韓国において、「ヨーロッパ」のイメージはきわめて魅力的な先進国として流布している。『フランダースの犬』をはじめとする日本製アニメは、西欧や未来の世界を舞台とし、登場人物にも風景にも「日本(のみならず「アジア」)的なもの」が登場しないというまさにこの一点によって、軍事政権下の韓国で放映されていた。もちろん、韓国で暮らす人々は当時だれもそれが日本製のものだとは知らなかった。重要なのは、皮肉にもこのことが韓国において、「日本のもの」とみなされることで築かれてきた文化の自他関係を一度カッコにいれて、自分の近傍を別の角度から眺めることを可能にしていたという事実である。これは、アニメは国境を越えるという楽観的な提言ではない。ここで強調したいのは、『フランダースの犬』というメディアテクストがいかにある時代の韓国という空間のなかで自分たちのものとして心に刻まれ、奪用されていったかということである。

というのは、ポン・ジュノのことばからもわかるように彼にとって『フランダースの犬』は、じつはそれほど重大な意味をもっているわけではない。彼にとってこのアニメは、おぼろげに記憶の奥底に沈殿していた小学生時代の記憶のひとつにすぎない。もしその記憶の断片の寄せ集めから誕生したこの映画に日本製アニメと響き合う点があるとしたら、それはまさに、先に私たちがアニメ『フランダースの犬』でみたような、日常的事物の周縁にひそむ「空腹の犬」の政治である。ポン・ジュノは、グローバル化の波のなかで、急速に現代化する「現在」の韓国に生きる現代版の〈犬〉の様相をかぎりなくコミカルに変容し、接続することによって、今日の韓国社会の陰影を斬新なかたちで浮彫りにしているといえよう。彼はこういっている――「どんな組織にも、役に立たないようにみえるが、つねに必要な仕事をしている人たちがいる。その一方で華やかにみえるが、じつは卑屈に生きている知識人たちもいる」と。

ならば、こういってもよいかもしれない。近代化の象徴としてそびえ立つビルの屋上は、私たちがそこから下を眺めたとき、そこに広がる広大な景色のなかで、自分の「マイナー性」と「特異性」を知るためにあるのではないだろうか。自分の生の政治は、「たんに文化的な」、小さな存在にすぎないかもしれない。しかし、むしろだからこそ、大きく柔軟なゆるぎない想像力をしかけてみることができるのだ、と。

したがって、早急にポン・ジュノが日本のアニメから「影響を受けた」と考えるのは、あまりにも陳腐である。なぜなら、そもそも「影響」というその言い回しは、なんらかの不均衡さに依拠しているように思えるからだ。むしろ重要なのは、禁止されていた日本製アニメが、偶然にして必然的に断片として浮上し、新しいブリコラージュへと接続していくコマのひとつにはいっているということ。そうした記憶の断片のひとつがふいに「現在」の韓国社会の文脈と接続して浮上し、新しい記憶をつくるために再地図化する役目を担っているということ。まさに、逆説的にも「寄せ集めのアイデンティティ」からここに見たような韓国映画が誕生しているということである。

同じメディアの共有は、異なる経験の共有でもある。日本版と韓国版の「犬」のまなざしが示唆するのは、急速な近代化とグローバル化という「進歩の歴史」のただなかで記憶の地図を書きかえることへの呼びかけとそれへの応答が時間を超え、また国境を越えるということである。

もし、あるテレビドラマ・アニメを、それが「日本発」であるという理由ゆえに、見ることができないという「反日感情」があり、それが民族主義の発現の場となってきた一面があるとしたら、逆に、じつはこれまで共有されていたさまざまなメディアの時空間を、近代的な国民を統率するための記憶としてではなく、日本とトランスナショナルに共有された自分たちの記憶として、その異なる経験を浮彫りにしていくことでかいまみえてくるあらたな地平があるのではないだろうか。そしてそれによってもうひとつの語りと記憶の磁場を醸成し、開かれた複数の現在を現出させる可能性を探ることができるのではないだろうか。

考えてみれば、韓国と日本は、近代という時空間のなかで、これまでまったく異なる記憶と歴史をもった隣人という他者であったといえるかもしれない。私たちのアイデンティティは、それらを構成し物語る言説のうちに歴史をもち、変換の途上にあるが、にもかかわらず、どこからきたかではなく、どこへいくのか、そしてなにかになるための経路の問題として考えなければならない縫合の点である。そうであるなら、ポストモダニズムとポストコロニアリズムの交錯するこの時空で、私たちの「断片化された主体」が、どのようにして複数の文化的アイデンティティの枠組みの内部に配置されうるのかを考える必要があるし、それによって「アイデンティティなき単独性」に基づく、来るべき共同性について想像することが可能となるだろう。

＊本文冒頭の石碑については日本語で台座のことばを考案された大島一悌氏に貴重な情報をいただいた。記して感謝したい。大島氏によれば、この石碑は当初英語およびオランダ語のみの予定だったが、日本総領事のベルギー人、ペーテル氏の「日本人にはこの物語に西洋人とは違う特別な思い入れがある、だからこの記念プレートに刻まれる日本語のことばも日本人の心に深く訴える印象的なものにしたい」との配慮によってこの日本語が刻まれることになったという。このことばにある「私たち」というのは、「私たち日本人」というナショナルな意味ではなく、むしろ『フランダースの犬』への異なる経験を共有する私たち、である。ちなみにこの石碑のヤン・コルテール氏による英語、オランダ語のことばはつぎのとおりである。'Nello and his dog Patrasche, main characters from the story "a dog of flanders", symbols of ture and eternal friendship, loyalty and devotion.' および 'Nello en zijn hond Patrasche, hoofdpersonages uit het rhaal "a dog of flanders", symbolen van echte en eeuwige vriendschap, trouw en toewijding'

参考文献

田崎英明「空腹の犬、エクリチュールの石」（『現代思想』二〇〇三年十月）
アリエル・ドルフマン、アルマン・マトゥラール、山崎カヲル訳『ドナルド・ダックを読む』晶文社　一九八四年
長山靖生『謎解き少年少女世界名作』（新潮新書）新潮社　二〇〇三年
ジグムント・バウマン「労働の倫理から消費の美学へ」（『総力戦体制からグローバリゼーションへ』平凡社　二〇〇三年）
林夏生「大衆文化から見る日韓交流の現在」（『月刊韓国文化』企画室アートプランニング　二〇〇二年十月号〈二七五号〉）
松本正司『世界名作劇場大全』同文書院　一九九九年
山の手緑、矢部史郎『無産大衆真髄』河出書房新社　二〇〇一年
吉見俊哉「遊園地のユートピア」（『世界』五二八号　一九八九年）
四方田犬彦『大好きな韓国』日本放送出版協会　二〇〇二年　六〜七月期
梁旭明「香港における『がんばる』女のトランスナショナルな消費と想像力」（岩渕功一編『グローバル・プリズム――「アジアン・ドリーム」としての日本テレビドラマ』平凡社　二〇〇三年）

参考ホームページほか

フォーラム「アジア映画は元気なのか」http://www.kmoviefc-jp.com/news01/jaff2.htm

暉峻創三「ポン・ジュノには『日常』さえあればよい」『ほえる犬は噛まない』日本公開パンフレット 二〇〇三年

インタビュー「『フランダースの犬』は純粋のシンボルだ！」（ミルクマン斉藤『ほえる犬は噛まない』日本公開パンフレット 二〇〇三年）

韓国映画ＤＶＤ『フランダースの犬／ほえる犬は噛まない』リージョンコード3

（ちなみに日本公式サイトにも示されているように、「ほえる犬は噛まない」というのは「口やかましい者ほど、実行が伴わない」という意味の諺である。）

第三章　松村 洋

タイの歌はきこえてくるか?

ポピュラー音楽流通の非対称性をめぐって

「タイで、どんな音楽が流れていたか、憶えていますか?」

タイ観光旅行の経験者にそうたずねると、ほとんどの人は首をかしげる。印象が薄く、思い出せないのだ。でも、いく先々のお店やレストランなどにBGMがまったくなかったとは考えられないし、ホテルのテレビからも音楽が流れていただろう。だから、間違いなくなにか音楽がきこえていたはずなのに、憶えていない。

タイをおとずれる日本人観光客は年間一〇〇万人を超え、タイ国内の日系出資企業は約二五〇〇社にのぼる。日本人にとって、タイはもう、遥か遠い国ではない。タイ・シルクはもとより、トム・ヤム・クンなどのタイ料理もよく知られるようになった。最近、東京あたりでは、タイ古式マッサージの店などもちらほら見かける。ところが、タイの音楽に関心を抱く日本人は、一向にふえない。

だが、こうした音楽への無関心は、別にタイに限ったことではない。どこの音楽であれ、音楽が人の心をとらえる力というのは、それほど強くないように思える。

一般に、人間の意識は、興味をもっている対象に向けられる。海外旅行にでかけ、街を歩いていると き、建築に興味がある人は自然と建物に意識が向く。ファッションに興味がある人は、ブランド・ショップの品揃えや道行く人たちの装いに意識が向く。植物に興味がある人は、路傍の草木や花に意識が向く。つまり、人間は自分の興味関心にそって、選択的に事物を認識しているのである。だから、植物に格別興味のない人には、せいぜい、草や木がはえていたな、花が咲いていたな、という漠然とした印象が残る程度だろう。音楽に格別興味がない人にとっては、ただ音楽が流れていたようだという記憶がなんとなく残るだけである。いや、それはまだましなほうで、音楽が流れていたということさえ思い出せないことが多い。たしかに音楽が鼓膜を振動させていたはずなのに、認識されない。音楽は、そうした無関心の壁を突き破って、いつも聴く者のハートをつかんでしまうほど強い力をもってはいない。

さらに、音楽に興味をもっている人たちのうちにも強固な壁がある。「好み」という壁である。音楽が好きな人は、たいてい特定のジャンルや音楽スタイルにこだわりをもっている。つまり、なにか特定の音楽が好きなのであって、音楽一般が好きだという人は案外少ない。「音楽ならなんでも聴きます」という人はけっこういるが、そういう人にさらに尋ねてみると、自分が興味をもっている比較的狭い範囲のなかでなんでも聴くという人、あるいは、どんな音楽も適当に聴き流しているだけで、本当は自分が思っているほど音楽に興味をもっていない人が、ほとんどである。

後者の場合、音楽がその人の内面に深く食い込むことは、絶対にないとはいえないが、かなりむずかしいだろう。前者の場合も、興味の範囲からはずれた音楽に反応することは、やはりむずかしい。こうした音楽の好みは、その人の身体にすり込まれた母語のリズムやイントネーション、日常の立ち居振舞い、日常的な音楽環境などによって、長い時間をかけて形成されたもので、そう簡単には変わらない。知らなかった音楽を耳にして、好みの幅が広がることはあるだろうが、それでも好みの核の部分は変わりにくい。もちろん音楽にたいする感覚は不変不動ではないが、やはりその保守的な側面を無視することはできない。ボーダーレスとかグローバル化が喧伝《けんでん》される現在でも、世界中に多彩なスタイルの音楽、音文化が根強く残っていることが、そのことを証明しているといえるのではないだろうか。

いわゆる若者文化のなかで、音楽は大変目立つ分野である。大ヒット曲は、たくさんの人たちを動かす。だから、音楽には大きな力があるようにみえる。だが、それは過大評価である。音楽は、無関心の壁、好みの壁を、なかなか越えられない。音楽の浸透力など、たかが知れている。ある音楽が、国境を越え、インターナショナルに広まったとしても、それは音楽そのものの力を遥かに上回る音楽以外の大きな力が、そこに働いた結果であるにちがいない。すばらしい音楽ならば世界中で受け入れられる、音楽に国境はない、音楽は世界の共通言語である、といった虚言は、とっくにゴミ箱に放り込まれていて然るべきである。ここでは、そうした音楽そのものの浸透力の弱さを意識しながら、タイという国を対象にして、ポピュラー音楽の流通について考えてみたい。

タイのポピュラー音楽

とりあえず、タイのポピュラー音楽を概観してみよう。話が繁雑になることを避けるため、ごく狭い地域のみに流通するローカルなポピュラー音楽は省略し、より広い地域で聴かれている主要ジャンルのみをあげておくことにする。

まず、プレーン・ルークトゥン・タイ、略してルークトゥンと総称される歌がある。プレーンは歌、ルークトゥンは野良の子＝農民という意味で、プレーン・ルークトゥン・タイは「タイ農民の歌」ということになるが、農村部の民謡ではなく、バンコクを中心とした都市部で制作される流行歌である。ルークトゥンは、タイの民謡や宮廷音楽、ジャズ、ラテン・アメリカ音楽、ロックやラップまで、内外のさまざまな要素を取り込みながら、タイ独特の響きをつくりあげてきた。バックの演奏は洋楽バンドだが、いかにもタイらしいコブシ回しや音程がでてくる。

歌詞は、農村の人々の暮らしやメンタリティ、都市に働きにでてきた農村出身者の生活や心情を簡潔に、いきいきとうたったものが多い。たとえば、男性人気歌手マイク・ピロムポーンの出世作「ヤーチャイ・コンチョン（貧乏人の恋人）」（一九九八年）は、苦労がたえない貧しい男にとって最愛の女性の微笑みがなにものにもかえがたい救いであることを、切々とうたっている。また、彼の最新アルバム『ローンリーアン・ラーン・チャーン（皿洗い学校）』（二〇〇三年）のタイトル曲は、皿洗いが人生の学校だったという貧しい男のラブソングである。国全体の経済指標をみれば、タイはもう世界のなかでそれほど貧しい国とはいえないが、バンコクと農村部の経済格差、貧富の差は厳然として存在しており、こうした歌詞にリアリティを感じる人たちはたくさんいる。

この「皿洗い学校」という歌には、タイ東北地方の楽器ケーン(笙《しょう》の一種)やポーンラーン(木琴の一種)の音があしらわれている。マイクという洋風の芸名にもかかわらず、彼はタイ東北地方ウドーンターニー県の出身で、西洋人の血は混じっていない。

タイ東北地方はイサーンと呼ばれる。その住民の大半はラオスと同じラーオ人であり、首都バンコクのある中部地方とは異なるイサーン・ラーオ文化を保持している。そのひとつ、モーラムもまた、ポピュラー音楽の世界で大きな位置を占めている。

モーラムは、もともとイサーンの伝統的な語り物芸だった。「モー」は常人のおよばぬ能力をもった人、達人の意で、「ラム」はラーオ語の抑揚に従ってうたうこと。だから、モーラムは「歌の師匠」を意味し、本来は演者をさすことばだが、現在では演じられる芸そのものもモーラムと呼んでいるようである[種瀬 1990:189–202]。

元来、ケーン一本の伴奏でうたわれていたモーラムが二十世紀にはいって大きく変容し、今ではルークトゥンや洋楽の影響を大きく受けた流行歌の一ジャンルになっている[星野 1990:201–234;Miller 1985:35–100]。バックの演奏はルークトゥンと同じようなものだが、ラム独特の節回しが歌に組み込まれている。ダイナミックかつ繊細なラムの節回しを軽々とうたうバーンイェン・ラーケーンは、モーラムの女王的存在である。

図1　マイク・ピロムポーン『皿洗い学校』

図2　バーンイェン・ラーケーン『カラフルな服、浮気な貴男』(VCD)

図3　チュムチム・ルン・ラムプルーン座の公演（VCD）　ミュージカル風モーラムの一例

モーラムはイサーン地方の文化だが、バーンイェンが広く注目されるようになった一九八〇年代前半には、首都バンコクにイサーンから流入する出稼ぎ労働者がふえたのにともない、バンコクにもモーラムが流れるようになった。ただし、バンコクのモーラム公演に集まる聴衆は、今でもほとんどイサーン出身者ばかりである。もちろんイサーンではモーラム公演が盛んで、大勢の出演者が物語を演じるミュージカル風のモーラムなども見ることができる。

一方、ルークトゥンやモーラムよりもずっと洋楽ポップス的なスタイルの音楽は、ストリングと呼ばれている。語源は英語の弦＝ストリングで、ロックの影響を受けたギターやベースなど弦楽器中心のバンド・スタイルから、この名称が生まれた。ただし、現在ではキーボート・シンセサイザーなどによる音作りの曲も、ストリングと呼ばれる。ストリングは、日本の「ポップス系」にあたることばだと考えておけばいい。

二〇〇二年末に解散したタイ屈指の人気ポップ・ロック・バンド、LOSO（ローソー）のアルバム『LOSO～エンターテインメント』（一九九八年）は、公称二〇〇万枚以上のセールスを記録した。簡単に比較はできないが、あえて単純化していえば、タイの総人口約六〇〇〇万人は日本の半分だから、日本におきかえれば四〇〇万枚以上だ。親しみやすいメロディと若者たちの心情をストレートにうたった歌詞が、大ヒットの要因だったと思われる。だが、彼らの洋楽サウンドに日本人が「タイらしさ」を感じる部分はほとんどない。

さらに、サウンド的にはストリングといえるが、とくにプレーン・プア・チーウィット（生きるための歌）と呼ばれているジャンルがある。これは、一九七〇年代前半、軍事政権にたいして民主化を要求する学生運動のなかから生まれた社会派メッセージ・ソングで、その元祖はカラワンというバンドだった［スントンシー 1983］。

一九七〇年代後半に結成されたカラバオは、ルークトゥンにも通じるタイ独特のロック・サウンドをつくりだし、一九八〇年代なかばにビッグ・ヒットをとばしてトップ・バンドの座に就いた［松村 1999：313–335］。カラワンはすでに解散したが、エート・オーパークン率いるカラバオは現在も活動している。たとえば、彼らの「シャムロー・トゥー（タイの豚）」（二〇〇〇年末）という歌は、私利私欲にはしる政治家たちを痛烈に罵倒《ばとう》したものだった。この曲は、翌年一月早々におこなわれた総選挙の直前に発表された。プア・チーウィットの市場シェアは微々たるものだが、その影響力は売上げの数字以上に大きい。

タイ音楽には、信頼できる市場シェアのデータがない。だが、だいたいルークトゥンとモーラムで四〇～四五％、プア・チーウィットを含めたストリングも同じく四〇～四五％と推定される。ただし新譜の約三分の二は、ストリングと思われる。ストリングの支持者には若者層が多く、時代の流れはストリング優勢に傾いている。だが、老若男女だれもが口ずさむルークトゥンの国民的大ヒット曲も、ときどき生まれる。ルークトゥンやモーラムの人気は根強く、そう簡単に衰退するとは思えない。

海外進出を阻むもの

右にあげたようなタイ・ソングが、タイ人以外のリスナーを獲得することは、きわめてむずかしい。

東京でもタイのＣＤを買えないことはないが、種類が少なく、在日タイ人とごく少数の日本人マニアしか買わない。シンガポールには、タイ・ポップスを豊富にとりそろえた店があるが、これも出稼ぎタイ人労働者向けで、シンガポーリアンたちが一般にタイ・ポップスを聴いているわけではない。クアラ・ルンプル（マレーシア）のミュージック・ショップでタイ・ソングを見かけることは、まずない。

一方、ラオス、カンボジア、ビルマ（ミャンマー）などでは、タイ・ソングのメロディを勝手に借用し、それぞれの言語による別の歌詞をつけて現地の歌手がうたうというケースがみられる。だが、ほとんどの場合、リスナーはオリジナルがタイ製であることを知らず、自国の歌として聴いていると思われる。これらは、タイ・ポップスそのものが直接受け入れられた事例とはいいがたいだろう。もっとも、ラオスはイサーン同様もともとモーラムの本場だから、自国のモーラムとならんでタイ製モーラムが聴かれていても、ちっとも不思議ではない。この場合、タイ製モーラムが文化の「壁」を越えて海外進出したとはいえない。

近年、タイ・ポップスの香港・台湾などへの進出が試みられた。たとえば、女の子二人（華人系タイ人と台湾人）のユニット、チャイナ・ドールのデビュー・アルバムは、タイだけでなく台湾でもそれなりの好セールスを記録した。だが、メガ・ヒットというわけにはいかなかった。Ｊポップ好きの若者たちをさす「哈日族《ハーリーズー》」ということばはあっても「哈泰族」ということばはまだきかない。

タイ・ポップスが海外に進出する可能性について、私がきいたタイの音楽関係者たちの話は一様に否定的なものだった。だが、もしそれが可能だとすれば、どんなジャンル、どんなスタイルの音楽がいち

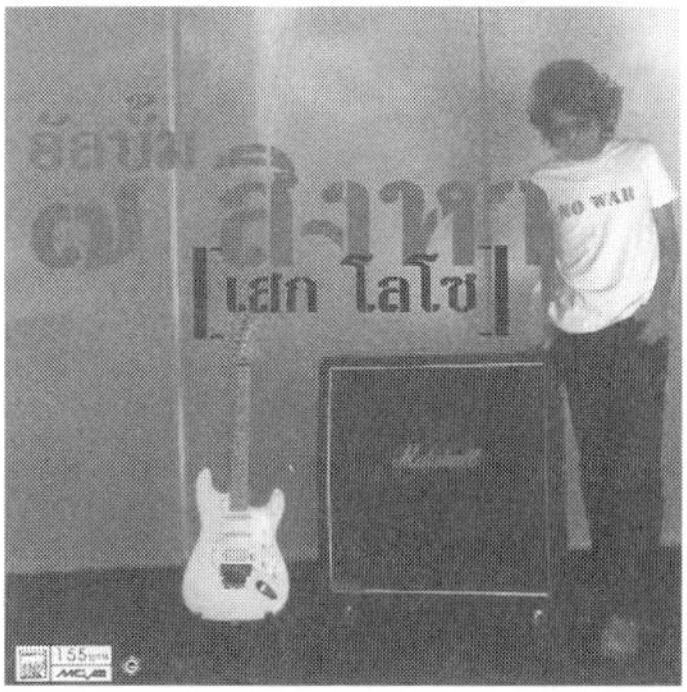

図4　セーク『8月7日』 元LOSOのリーダー、セークのソロ・アルバム

図5　カラバオ『タイの豚』

図6　チャイナ・ドール『ティン・ノーン』

ばん有望かという問いにたいしては、意見が二つに分れた。

ひとつは、ルークトゥンやモーラムが有望だという意見である。ストリングは洋楽の真似にすぎないものがほとんどだから、海外では評価されない。タイらしさをはっきりと表現しているルークトゥンなどのほうに、より大きな可能性があるとみる。

もうひとつは、ストリングが有望だという意見である。ルークトゥンやモーラムは、あまりにもタイ的すぎる。ストリングのほうが、多くの人にとって親しみやすいとみる。

日本の若者たちにタイ・ソングを聴いてもらい、その反応をみてきた体験から、私は後者の意見を支持する。チャイナ・ドールの台湾進出を手がけた大手音楽制作会社ＧＭＭグラミー社の担当者も、後者の意見の持ち主で、チャイナ・ドールはストリングのユニットである。だが、彼は台湾でのアルバム発売に際して、全一〇曲中二曲を北京語の歌詞に差し替えることにした。親しみやすいストリングであっても、やはりタイ国内と同じやり方ではダメで、現地にあわせた調整が必要なのである［松村 2003:215–230］。

言語の壁という問題については、のちほどまたふれる。ともかく、タイのポピュラー音楽界をみていると、音楽が音楽そのものの力で国境を越えて流通することの難しさを痛感させられる。さらに、音楽の越境を阻害する外的な要因も存在する。

ポピュラー音楽は商品である。だから、当然、ビジネスの要因が絡んでくる。じつは、タイの音楽業界は海外進出を本気で考えてはいない。本気で考えさせないような状況が存在するのである。いくつかあげてみよう。

第一に、タイ国内の音楽マーケットは十分に大きい。だからあえて海外にでなくても、国内で大ヒットをとばせば、会社もミュージシャンもリッチになれる。海外市場にでるほうが、コストもリスクも格段に大きいのだから、国内ビジネスが優先される。

第二に、海外進出は「国内向けに箔をつける」ことをねらって企てられることがある。だが、たとえ台湾や香港あるいは近隣諸国で好セールスを記録したとしても、そのことによってミュージシャンの国内での評価は上がらない。だから、今ひとつ乗り気になれない。今、日本で売れれば、ミュージシャンのステイタスは上がるかもしれない。もちろん、英米で成功すれば、評価はぐんと上がって箔がつく。日本人同様、タイ人にも根強い欧米崇拝がある。だが、欧米進出は至難の業である。むずかしすぎて、二の足を踏んでしまう。

第三に、海賊盤の横行という現実がある。MP3方式でデータ圧縮し、ディスク一枚にCDアルバム二〇枚分近くを収録した違法コピーが出回り、音楽業界の利益が半減したともいわれる。現在は、違法コピーの撲滅がタイ音楽業界の緊急課題であり、それが解決されないかぎり、海外進出どころではないというのがホンネだろう。

すばらしい音楽ならば国境を越えて広まっていくというのは嘘だし、つまらない音楽だから国境を越えられないというのも嘘である。ポピュラー音楽の流通にかんしていえば、音楽のスタイルや質よりも、むしろ音楽を取り巻く外的諸条件の影響を注意深くみていく必要があるように思われる。

つぎに、逆方向、タイにはいってくる海外の音楽について考えてみよう。

タイのポピュラー音楽マーケットのうち、外国音楽のシェアはせいぜい一五%程度だろうが、その主流は英米のポップ・ソングである。一九八〇年代後半からの高度経済成長にともなって、衛星テレビ受信機の普及に拍車がかかり、バンコクでもMTVなど音楽専門チャンネルを通じて英米の最新音楽事情をリアルタイムでキャッチする人がふえた。

また、華人系の人たちを中心に、チャイニーズ・ソングも親しまれてきた。とくに一九八〇年代には、張國榮《レスリー・チャン》、張學友《ジャッキー・チュン》、劉徳華《アンディ・ラウ》ら、香港のトップ・スターたちが人気を集めるようになった。さらに一九九〇年代後半から、X－JAPAN、GLAY、ラルク・アン・シエル、ジャニーズ系アイドルなど、Jポップがブームになった。Jポップに最初にとびついたのは、都市中産階級の十代の女の子たちだった。彼女たちが夢中になったのは、ポップス系の歌、つまり日本製の「ストリング」だったという点にも注意しておこう。

さらに、最近は韓国ポップスの人気も高い。だが、その他、アジア諸地域のポピュラー音楽は概してふるわない。タイ国内のインド系やパキスタン系の人たち、タイ南部などに多いマレー系の人たちなどについては事情が異なるが、一般にタイ人は、アジア諸地域のポピュラー音楽にほとんど関心をもっていないというのが実情である。都市中産階級の女の子たちがリードしたJポップ・ブームや韓国ポップス人気は、まだしばらく続くと思われるが、それがその他のアジア諸地域のさまざまなポピュラー音楽にたいする関心へと発展していくかといえば、どうも私にはそういう気配が感じられない。

香港製や日本製や韓国製ポップスの受容にかんしては、それらの地域の歌手・ミュージシャンたちにたいして、タイ人が「同じアジア人として」親近感を抱いたという事情を指摘できるかもしれない。だが、話は少々脱線するが、アジア、タイ風には「エーチア」と発音されることばには、ちょっと注意する必要がある。

タイ人と話をしていると、高等教育を受けた一部エリート層を除けば、一般に「エーチア」ということばがほとんどでてこないのである。よく耳にするのは、チーン（中国）であり、ケーク（おもにインドだが、南アジア、近東、マレー圏も含む）であり、ラーオ（ラオス）、カメーン（カンボジア）、パマー（ビルマ）、ウィエットナーム（ベトナム）であり、イープン（日本）やカウリー（韓国）である。だが、それらを全部まとめて「エーチア」と呼ぶことは、まずない。「コン・エーチア（アジア人）」という言い方には、ひょっとしたら一度も出会ったことがないかもしれない。要するに、タイでは、アジアという概念が一般には共有されていないとみていいだろう。

それに比べると、日本人はアジアということばが好きなようだ。だが、二十歳前後の日本人に「アジア」ということばからどんな国を連想するかとたずねると、西アジアの国名はまず絶対にでない。南アジアもダメで、インドさえあまりでてこない。答えは、だいたい東アジアと東南アジアまでにおさまる。箸で食事をする地域とその近く、箸文化圏プラス・アルファというのが、平均的な日本人のアジア・イメージであるらしい。

いうまでもなく、アジアというのはヨーロッパ人がつくった概念である。だが、アジアと呼ばれる広大な地域の諸文化は、あまりにも多様であり、そこに住む人々はアジア人としての文化的一体感などもっていない。だとすれば「アジアの文化が……」「アジア人として……」というように、「アジア」という枠組みがあたかも自明の実体であるかのように語ることが適切なのかどうか。同じ「アジア」ということばを使いながら、論者によって大きなズレが生じる可能性が多分にあるし、「アジア」ということばがかえって現実を見えにくくすることもあるにちがいない。この点には、十分注意する必要がある。

一方、タイ人たちは、欧米の白人を「ファラン」と呼ぶ。フランスをさす「ファランセート」という語から生まれた呼称で、日本でいう「ガイジン」に近い。英語でうたわれる英米のポップ・ソングは「プレーン・ファラン(ファランの歌)」である。

この「ファラン」という語は、「普遍的」「国際的」といった意味の「サーコン」という語としばしば結びつく。プレーン・ファランは、音楽スタイルとしては「ドントリー・サーコン(国際的・普遍的な音楽)」とみなされている。「パーサー・サーコン(普遍的・国際的な言語)」といえば、普通は英語をさす。

つまり、英米の英語ソングは国際的に通用する普遍的なスタイルをもった音楽であり、序列の最高位に位置づけられる。日本語でうたわれるJポップが好きなティーンエイジャーはたしかにふえたが、少し上の年齢層では、聴くに値する音楽といえば、まず欧米の音楽と考える人が圧倒的に多い。日本語の歌は、北京語や広東語の歌よりもかっこいいと思われるようになったかもしれないが、英語の歌には、遥かにおよばない。この順位が近い将来、入れ替わるとは到底思えない。

序列をつけられた音楽

重要なのは、個々の音楽を実際に聴く前に、こうした音楽の序列が多くの人々のうちにすでに形成されているということである。それは、日本人でも同様である。

タイのルークトゥンやモーラムが、現代日本の若者たちの感覚にぴったりフィットするとは思わない。それらが、すぐに幅広く受け入れられることはむずかしいだろう。だが、それ以前に、彼らはタイのポピュラー音楽を聴いてみようとさえ思わない。いや、そもそもタイにポピュラー音楽があるということを、想像さえしたことがないという人が多いのではないか。日本におけるタイ・ポピュラー音楽のステイタスは、それぐらい低い。

原則として、あこがれの対象となるような異文化は積極的に受け入れられるが、自分たちの文化よりも下位にあると思われる文化、ダサいと思われる文化は無視される。実際にダサいかどうかではなく、ダサいと思われているということが、大きな意味をもつ。

タイ語がわからないからタイの歌に興味がわかないというのは、あとからつけた説明にすぎない。タイ人も日本人も、耳で聴いて英語の歌詞を十分理解できるわけではないのに、英語の歌を好んで聴く。英語の響きを、かっこいいと感じる。また、タイのティーンエイジャーたちは、まったく日本語が理解できないのにJポップを聴く。言葉の意味がわかるかどうかというのは、それほど大きな問題ではないと思われる。

重要な問題は、音楽以前のところにある。ある音楽を聴いてどう感じるか、その音楽が感覚的に受け入れられるかどうか、ということ以前に、そもそもその音楽を聴く気にさせたり、させなかったりする要因はなんなのか、ということを考察の俎上《そじょう》にのせなければならない。いいかえれば、音楽以外のどんな力が、どのように働いて、ある音楽にプラス・イメージを付与し、その音楽のステイタスをあげ、それを好意的に受けとめる気にさせるのか。あるいはマイナス・イメージを付与し、その音楽のステイタスをさげ、聴く気をそぐのか。そういうことが、きちんと検討されなければならない。

いちばんわかりやすいのは、経済的な豊かさのイメージだろう。日本にもタイにも、欧米の物質的に豊かな国々は音楽もレベルが高いと、素朴に信じ込んでいる人がたくさんいる。タイのティーンエイジャーの女の子たちにとっては、日本もテクノロジーの発達した豊かな国である。その豊かさに支えられて、日本はファッションも「進んでいる」と思われている。日本のファッション雑誌は人気が高い。こうしたファッションのイメージと、ポップスのイメージは、相関関係にあるだろう。

逆に日本人のあいだには、タイも含めてアジアは「遅れた」貧しい地域であるというイメージが、いまだに根強くあると思われる。そこで、そういう地域にポピュラー音楽があると知っても、実際に聴く以前に、それらはどうせ「遅れて」いてダサいに決まっていると思ってしまう。だから、聴かない。

その結果、タイと日本のポピュラー音楽の流通は、今のところ片方向に限られている。Ｊポップはタイに流入しているが、タイ・ポップスはほとんど日本にはいってこない。この非対称性を無視あるいは軽視したまま、もっぱらＪポップの海外進出を中心にすえて「アジア」における大衆音楽の流通を語り、国境を越えて共通する都市的な感覚や意識が形成されつつあることを主張するような議論には、大きな欠陥がある。共通の感覚や意識が成立しているのなら、タイにJポップが流入するだけでなく、日本にもタイ・ポップスがもっとはいっていていいはずだが、そうはなっていない。こうした非対称の関係を成り立たせている諸要因が、きちんと認識されなければならない。

豊かさをはじめとしたプラス・イメージを振りまくもっとも強力な手段は、いうまでもなく映像メディアである。タイでは日本製や韓国製のテレビドラマが数多く放送され、その主題歌や挿入歌が売れた。だれのどんな内容の歌かなんて、どうでもいい。ただテレビドラマのイメージだけで、歌が売れるという現象がみられた。また二十世紀の歴史を振り返れば、ハリウッド映画やUSA製テレビドラマが豊かでかっこいい国のイメージを世界に振りまき、そのイメージがUSAのポピュラー音楽を好意的に受け入れる下地作りに大きく貢献したことは、否定しがたいように思われる。ミュージック・ビデオが登場するずっと前から、映像メディアは私たちの音楽的指向性を大きく左右してきた。そもそも音楽が音楽的な魅力だけで世界に広まったことなど、あったのだろうか?

冒頭でも述べたように、異文化の壁を越えて流通していく音楽の力は弱い。もちろん、文化は固定的な実体ではなく、外部からの影響を取り込みながら多かれ少なかれ変化していくものだ。外部からまったく影響を受けたことのない純粋な地域文化など、まず存在しないだろうし、そもそも外部と内部の境界もあいまいである。万古不易の「伝統文化」とか「伝統音楽」などというのは、だいたい政治的にデッチあげられた虚偽だと思っていたほうがいい。文化を静的にとらえすぎるのはまずい。しかし、それでもなお、文化には変わりにくい部分があるということは否定できない。とりわけ音楽文化は、そういう頑固な部分を多くもっているように思えるのである。

だが、音楽そのものの流通力の弱さにもかかわらず、あるタイプの音楽は国境を越えて受け入れられ、広範に流通する。そうした現象を的確に理解するためには、そこに働く社会的、政治的、歴史的な要因、交通や情報メディアをめぐる要因など、音楽を取り巻く多様な外的諸要因を分析していかなければならない。あるいは、音楽の序列化をうながした諸要因を検討しなければならない。

さて、タイのポピュラー音楽事情を手掛りにして、ポピュラー音楽のインターナショナルな流通を考えるときに重要だと思われる検討課題をいくつかあげてみた。だが、リスナーの態度や価値観を左右する要因は数多くある。なんだか無責任なようだが、音楽文化に作用する外的諸要因なんて、はたして分析しきれるものなのかとも思う。しかし、たとえ分析しきれなくても、そのなかのいくつかの要因について考えることは、文化にたいする理解を深めていくために、けっして無益ではないだろう。

というところで紙幅がつきたが、最後に一言。タイのポピュラー音楽をまだ聴いたことがないという方は、ぜひ自分の耳で聴いてみていただきたい。なんでも結構である。実際に聴くという体験をぬきにして、音楽についてあれこれ論じてみても、結局、やせた骨組みだけの議論に終わってしまいかねない。音楽とは、そういうものなのだから。知的・論理的な分析がとどかない部分、とにかく感じ取ることが重要という側面がたくさんある。音楽とは、そういうものなのだから。

参考文献

ウィラサク・スントンシー、荘司和子訳『カラワン楽団の冒険――生きるための歌』晶文社　一九八三年

種瀬陽子「モーラム歌とケーン」（藤井知昭・馬場雄司責任編集『民族音楽叢書１　職能としての音楽』東京書籍　一九九〇年）

星野龍夫「東北タイのモーラム管見」（藤井知昭・馬場雄司責任編集『民族音楽叢書１　職能としての音楽』東京書籍　一九九〇年）

前川健一『バンコクの匂い』めこん　一九九一年

前川健一『まとわりつくタイの音楽』めこん　一九九四年

松村洋「めくるめくタイ歌謡の世界」（『ミュージック・マガジン』一九九三年五月号〜六月号）

松村洋「〝うたい語り〟芸＝モーラムの変遷をたどって」（『ミュージック・マガジン』一九九四年三月号）

松村洋『アジアうた街道』新書館　一九九九年

松村洋「越境しない音楽――タイ大衆音楽からの一考察」（青木保ほか責任編集『アジア新世紀６　メディア・言論と表象の地政学』岩波書店　二〇〇三年）

Miller, Terry E., *Traditional Music of the Lao*, Connecticut, Greenwood Press, 1985.

Phongpaichit, Pasuk and Chris Baker, *THAILAND Economy and Politics*, Selangor Darul Ehsan, Malaysia, the South-East Asian Publishing Unit/Penerbit Fajar Bakti Sdn. Bhd./Oxford University Press, 1995.

＊タイ語文献については省略した。

Ⅱ　ナショナル化されるトランスナショナル

第四章　青崎智行

東アジア・テレビ交通のなかの中国

韓国と台湾の番組を中心に

越境する韓国ドラマと台湾ドラマ

アジアではドラマの人気が高い。ＥＵＲＯＤＡＴＡ　ＴＶの二〇〇一年データによると、視聴率上位一〇番組に占めるドラマ・映画などフィクションの比率は北米一〇％、ヨーロッパ二七％であるのにたいして、アジアでは七五・七％となっている。東アジア（中国、香港、台湾、韓国）になると比率はさらに上昇して八〇％となる。この地域では視聴者やテレビ局の熱い視線がドラマに注がれているわけである。

東アジアのテレビ交通は、一九八〇年代中ごろから日本製ドラマの国境を越えた広いエリアでの受容によって注目を集めるようになった。『おしん』は中国で九〇％近い視聴率が報告されたほか各地で強く支持され、その後も『東京ラブストーリー』『一〇一回目のプロポーズ』などのいわゆるトレンディドラマが東アジアを含むアジア広範囲にわたり大きな話題を呼んだ。とくに台湾では、「日劇元年」といわれた一九九四年の本格的な日本番組放送解禁以降、さかんに日本製ドラマが視聴され、九六年には「哈日族《ハーリーズー》」なる日本のポップカルチャーフリークをさすことばまで登場している。

しかし一九九〇年代後半になると、日本製ドラマが「社会現象」や「トレンド」とあらわされるような熱狂的なブームを起こすケースは徐々に減少していった。日本のドラマが東・東南アジアで継続的に視聴されていることに変わりはなかったが、アジアのテレビ交通をみるうえで重要なのは、韓国、台湾、中国などアジア各地における「ローカル番組」制作が大幅に発展したことである。

「ローカル番組」と述べたが、その生産と消費の過程は単純に特定の国の枠組みのなかで起こっているのではなく、そこには濃淡の差こそあれ、ほかの国・地域から越境するテレビ番組の影響とローカルにおけるその混成化が反映されている。たとえば韓国では、大河ドラマやトレンディドラマがさかんに制作されたり、それまでタブー視されてきた題材が描かれたりするなど、ジャンルやテーマの多様化が進んでいったが、こうした大河ドラマやトレンディドラマにたいする日本の番組からの影響はしばしば指摘されるところである。韓国トレンディドラマのなかには日本製ドラマに酷似しているとの批判によりテレビ局が謝罪し放送中止になったものもある[国際交流基金ホームページ「日韓文化交流史年表」]。

また、台湾でも日本やアメリカのテレビ番組に触発を受けたドラマが制作され、シンガポールでは香港の得意ジャンルである幻想世界を舞台に武芸と信義を描く「武俠」ドラマが、東南アジア華人マーケットへの輸出を視野に入れて制作されたりするなどさまざまな越境と混成のかたちがあらわれていった。

そしてここ数年、東・東南アジアのテレビ交通はこうした番組によってさらに活性化されつつある。その原動力となっているのは韓国と台湾のドラマであり、テレビ交通のあらたな流れをつくりだしている。

韓国ドラマは『冬のソナタ』(NHK衛星第二)が日本でも高い人気をえるなど、アジア地域に浸透しているが、その国境を越える動きが認知されるようになったのは一九九七年ころからである。中国では同年、全国放送テレビ局である中央電視台が『愛が何だって』『星に願いを』などを放送し人気を集めた。その後韓国ドラマの放送がふえ人気の高まるなか、一九九九年音楽アーティストH・O・Tの北京コンサート大成功を契機として、韓国ポップカルチャー・ブームをさす「韓流」ということばが人口に膾炙《かいしゃ》するようになったのである。二〇〇二年に中国の地上波、ケーブル、衛星を含むテレビで放送された韓国ドラマは六七作品・三一六回、日本ドラマは二三作品・六一回[『武漢晩報』二〇〇三年六月二十日]であることからもその勢いがうかがえる。また、台湾でも一九九七年『星に願いを』がヒットしたあと、二〇〇一年に『秋の童話』が大ブームとなり、この作品のシリーズ第三作にあたる『夏の香り』では制作段階で早くも海外放映権セールスにかんする問合せがよせられたほどである。ちなみに『秋の童話』のロケ地巡りツアーで訪韓した台湾観光客は一〇万人にのぼるという。こうした「韓流」の伝播エリアは広がっており、香港やベトナム、シンガポール、インドネシアなど東南アジアでも急速に人気が高まっている。

台湾ドラマはもともと古装劇といわれる時代劇風ドラマのジャンルを中心に、中国、香港で人気が高

図１ 『日韓潮流対対碰』(上下巻) 日本と韓国のドラマ、タレント、歌手などを紹介。

出典：土人兄弟編著『日韓潮流対対碰』上・下、当代世界出版社、2001

かった。一九九八年、台湾の作家瓊瑤《チョンヤオ》と中国・湖南経済テレビ局との合作で製作された『還珠格格』が中国各地で放送され大ヒットした。続けて、二〇〇二年『流星花園』は台湾発のトレンディドラマとして、既存の台湾ドラマイメージを一新するかたちで中国の若者から強い支持を受けた。台湾のテレビ関係者の多くが『流星花園』をもって「台湾偶像劇(アイドルドラマ)」の幕開けを語ったのである。この作品は日本のマンガをドラマ化したものであるが、二〇〇二年に中国でブームとなっただけでなく、シンガポール、インドネシアなど東南アジアでも高い視聴率を記録しており、続編や派生作品まで製作されている。

韓国ドラマと台湾ドラマが東アジアを起点としてアジアの広い範囲で受容された背景は、一見したところ対照的だ。一九九八年に金大中《キム・デジュン》大統領が二十一世紀の国家基幹産業として文化産業を育成するとした「文化大統領」発言を受け、韓国は文化産業振興政策に力を注いでいる。韓国民主党が「韓流文化企画団」を組織して韓流ムーブメント支援に乗り出しているほか〔『朝鮮日報』二〇〇一年八月二十七日〕、政府も専門機関を設置して文化産業の国内振興とともに海外輸出振興を支援している。

これにたいして台湾ドラマは事業者ベースで展開しているが、華人ネットワークを基礎とした輸出が特徴である。たとえば、『還珠格格』の大ヒットは原作である瓊瑤作品の中国における認知・浸透度と、中国のテレビ局との共同製作に負うところが大きいし、インドネシアでブームを巻き起こした『流星花園』は視聴者の幅がプリブミといわれる非華人系の若年層にまで(放送局の予想を超えて)広がったが、それを大ヒットさせた立役者は華人資本系テレビ局である。

しかしいずれにしても、「国家」か、「華人ネットワーク」かという違いこそあれ、双方とも「個別番組」の魅力という要素以外に、背景にある「組織的な構造」によって流通が支えられているという点では共通している。そして韓国ドラマも台湾ドラマもアジア各地のメディア産業と連携しながら、流通市場を拡大している。たとえば、韓流のベトナムにおける人気は韓国ドラマを活用しようとする広告主企業のマーケティング戦略と緊密に結びついているし、シンガポールにおける韓国ドラマの放送増加は台湾事業者との情報交流が強く影響している。中国市場への進出は韓国メディア産業にとって最大の目標であるが、台湾・香港のテレビ市場からえられる利益や評判、マーケティング情報が韓流の中国展開を支えている。

このように瞥見するだけでも、東・東南アジアにおけるテレビ番組交通は幾多の事業者がかかわりながら多様かつ重層的な状況になっている。さらにビデオ、CDなどの正規版、海賊版を含むパッケージ流通を加えれば、その状況はさらに複雑さを増すことになる。広範な地域と複数のメディアの全体像を限られた紙幅で記述することは困難であるため、本章はここ数年大きく変貌しつつある中国のテレビ空間を中心とする東アジアにおけるテレビ放送番組の越境に焦点をしぼって、その状況を検証する。とりわけ韓国ドラマと台湾ドラマを素材として、胎動する中国のテレビ市場空間と錯綜する東アジア・テレビ交通とのあいだで展開されるせめぎあいについて考えてみたい。

中国のテレビ放送産業はWTO加盟が現実味をおびた一九九〇年代末から激動期にはいっている。中国では一九八三年に中央、省、市、県の各行政レベルに対応した放送局を設置する「四級制」政策を導入したことにより、テレビ局の数が八〇年の三八局から九〇年代末の約三三〇〇局（地上波テレビ局九七〇、ケーブルテレビ局一三〇〇、教育テレビ局一〇〇〇）にまで増加した［黄 2001:225–226］。この結果、小規模で経営基盤の脆《ぜい》弱《じゃく》なテレビ局が乱立し、資金、人材などの分散と浪費、さらに政府による統制の綻《ほころ》びが問題視されてきた。これらの問題を解決するために一九九九年からは中央と省レベルの「二級制」へ移行し、WTO加盟後の外資系メディアとの競争に備えるべくテレビ局・ケーブルテレビ局・ラジオ局などを統合するグループ化が推進された［劉 2003］。

国内外からの競争圧力が高まる一方、ケーブルテレビや衛星テレビの普及により多チャンネル化も急速に進展し、視聴者は中国国内各地のテレビ局が放送する番組を容易に見ることができるようになっている。視聴率調査のCSM社データによると二〇〇一年時に都市世帯では平均二三・四チャンネル、農村世帯では平均一〇・三チャンネルの視聴が可能となっている。このことは、中央電視台を除いて中国全土をカバーするテレビ局が存在していなかった状態から、中国各地のテレビ局にとって、視聴者獲得をめぐる競争相手が国内全土に広がったことを意味している。このため各テレビ局は広告収入を増大させるべく、視聴率を稼げる人気番組の獲得に躍起となっており、番組ソフトにたいするニーズは高まる一方である。

前述の『還珠格格』はそうした人気番組の一例であり、湖南経済テレビ局の大成功により全国各地のテレビ局に販売され、巨額の広告収入をもたらしたといわれる。『還珠格格』を放送したテレビ局によっては、CMを合計した分数がドラマ本編より長い場合もあったほどである〔中国電視紅皮書 2002：92〕。続々編となる『還珠格格三』ではより綿密に放映権の販売戦略が練られており、作品はまず各地のテレビ局などに販売され放送されたあと、湖南衛星テレビ局が放送する予定である〔『瀋陽報』二〇〇三年六月二十九日〕。これは衛星放送により広範囲に放送されてしまうと各地の市場で価値がさがるためであり、中国の状況に即した番組ソフトの販売ビジネスが確立されつつある。

他方、番組ソフトの供給力向上に向けて制作と放送を分離する「制播分離」政策を導入し、番組制作セクター振興をはかろうとする動きもある。しかし前述した放送メディアのグループ化が先行するなか、各放送局は利益の維持・拡大に余念がない。番組制作を外部のプロダクションに依存する比率があまりに高くなりすぎると、利益の減少につながる可能性もあるため、テレビ局サイドの反応は鈍く、「制播分離」が順調に進んでいるとはいいがたい。しかし現実には番組制作プロダクションも大手事業者が急増しており、放送局のなかでも制作能力のもっとも高い中央電視台でさえ、自社制作番組比率は六二％にとどまるなど〔『中国経済時報』二〇〇三年四月二日〕、全体として需要に供給が追いついていないのが現状である。また、中国のテレビ局にとってもっとも視聴率の期待できる番組はドラマであるが、ニーズの急激な拡大を受けて国産ドラマの制作コストは高騰している。中国テレビ芸術家協会の楊主席はこの構造が相対的に廉価な外国番組の流入を招いており、「韓流」ドラマ増加の一因でもあると憂慮している〔『広電在線』二〇〇三年四月二十二日］。

中国のテレビ放送産業が大きく変化している状況のもと、需給アンバランスによる恒常的な番組ソフト不足、そして競争激化のなか番組販売や番組を提供して広告枠を獲得するビジネスが一般化したことにより、ヒット作品輩出の構造があらわれている。こうした状況が台湾ドラマや韓国ドラマのような「外」からのテレビ交通を直接・間接的に活性化させていることは疑いない。とはいえ、中国政府が海外メディアや番組ソフトによる文化的浸透を脅威と感じているのはまぎれもない事実であり［劉 2003］、越境番組の流入を抑制する姿勢は強化される傾向も見受けられる。

越境する番組にたいする規制

中国では、国産番組保護と国家統合の脅威となる文化・価値観などの浸透を防止する観点から、国外番組にたいする規制を設けてきた。一九九四年「国外番組の輸入と放送の管理規定」を公布し、国外番組比率を全放送時間の二五％以下、十八時〜二十二時は一五％以下とする制限を設けた。その後も規制は強化され、二〇〇〇年の「国外ドラマの輸入、合作、放送の管理をさらに強化する通知」では、輸入ドラマが特定の地域・テーマに集中しないよう調整することが盛り込まれたほか、十九時〜二十一時三十分は実質的な放送禁止へと規制を厳しくしている。

国外番組にたいする規制を強化させてきた中国で二〇〇二年三月に象徴的な出来事が起こった。台湾製ドラマの『流星花園』が、テレビ放送を所掌する最高機関である国家広播電影電視総局により放映禁止措置を受けたのである。『流星花園』は、手続きとしてほかの外国番組同様に審査を通過しなければならず、三回にわたる審査をへたうえ、約三〇〇分以上もカットされ周到な準備がほどこされていたはずであった。にもかかわらず二〇〇二年二月中国各地のテレビ局で放送されまたたくまに大反響となった三月、突如放送禁止令がだされたのである。

広播電影電視総局の公式見解は、社会にたいする負の影響が大きく青少年を誤った方向に導くため、というものである。原因の詳細については発表されておらず、中国の新聞報道にさえ「審査をとおしておいてなぜ放送後に禁止措置をとるのか」と疑問を投げかける記事が見受けられる〔『成都商報』二〇〇二年三月十二日〕。筆者もこの件にかんして広播電影電視総局の担当者に確認したところ、同様の回答が繰り返されるのみで、事の真相は明らかにされなかった。

筆者がテレビ関係者から聞いた意見は比較的客観的なものであった。たとえば「WTO加盟にともない外国メディアの進出が迫るなか、内容規制にかんしては厳しく臨むという中国政府の姿勢をデモンストレーションしたかったのではないか」と推測する声が少なくなかった。徐々にではあるが国産テレビ番組の内容規制が緩和されている状況からすると、禁止措置はやや奇異に映ったようであった。また「『流星花園』の描き出す恋愛に影響を受けた学生の親から苦情が殺到したため」という見解もあった。

これにかんして、『流星花園』および放送禁止措置に関連してどのようなメディアの論調や視聴者からの反応がみられたのかをみてみよう。新聞報道では、禁止措置がだされるのに前後して多数の批判記事が書かれている。主要な論点としては、拝金主義、男尊女卑、愛と性の混同、派閥主義などを助長するといったところである。やや角度を変えて『流星花園』の原作が日本マンガであることに注目して、日本社会の病理を分析する記事も全国紙でみられた。登場人物がお金持ちの息子であり世襲システムに守られていることに「着目」し、日本の資本主義は「封建主義的色彩を強く残しており、同族内利益維持のためエリート主義をとっている」というものだ〔『中国青年報』二〇〇二年二月二十二日〕。

視聴者からの反応は賛成と反対を両極にしてかなりの温度差がある。ある新聞記事では、放送禁止を当然視する声がある一方、インターネットや海賊版ビデオCDで容易に入手できる情報化時代に禁止しても無駄という現実的な意見や、ほかに蔓延《まんえん》している教条的な番組こそ禁止すべきであるといった視聴者からの意見が紹介されている〔『華商報』二〇〇二年三月十二、十四日〕。ほかに、『流星花園』をめぐって中国におけるドラマ放送のあり方に批判の矛先《ほこさき》が向けられるケースもあった。そこでは国産ドラマの質の低さにたいする苦言や、日本、韓国、香港、台湾のドラマを安易に流しすぎているのではないかという反発もみられた〔『中国演員報』二〇〇二年四月五日〕。

もちろんこうした例をもって中国国民の意見へと一般化することはできないが、これらの反応は、現在の中国において交錯するアジア・テレビ交通を考えるうえで、いくつかの重要な視座をわれわれに与えてくれる。第一に、テレビ番組規制にたいする緊張と弛緩の相反する二つのベクトルが政府、放送局、市場、視聴者など多様な行為者を巻き込んで錯綜していることである。第二に、台湾、韓国、日本などのドラマが交通している中国のテレビ空間において、それらがあらたに国・地域間の境界線引きをするかたちで、受け取られていることである。第三に、これに関連して、テレビドラマから国家、社会、文化の構造にまで敷衍《ふえん》する見方があったように、テレビドラマにそうした国の代表性が与えられていることである。これらの点を下敷きにして、以下では中国において越境テレビ番組にたいしてどのようなまなざしが向けられているのかについて、新聞やテレビなど主要なメディアにおける論説や番組などにみられる言説を中心に検討してみたい。

中国テレビ空間における越境番組へのまなざし

越境番組にたいする緊張と弛緩のベクトルは国家、社会、市場、国内外の事業者、視聴者など異なる領域にまたがって偏在している。前述した中国テレビ空間の変動によって生み出される、越境番組にたいするニーズの出所は産業界であったといえるが、越境番組を流入させる別の「弛緩」回路も存在する。中国はＷＴＯ加盟後も放送業界を厳しく管理することを強調する一方、米国メディアなどにエリア・伝送路を限定して中国で番組を流すことを許可している。その見返りとして米国国内で中央電視台の番組を流させる条件を勝ちとっていることが示すように、外国番組にたいする規制緩和は中国から他地域に進出する際の交渉カードともなる。中国が自国の放送産業をグローバリゼーションの潮流に段階的かつ有利に順応させていくための切り札として番組規制を活用していく公算は高い。

また、中国においてマスメディアによって加速される私的「世界」の拡大は、拝金主義を蔓延させ社会統合原理を弱体化させる「時限爆弾」であり、国家にとっての脅威となりうる［菱田 1997：228–230］。しかし、他方、中間層が台頭する中国社会には安定性確保への渇望が存在している。ある程度の経済的資源をえた層は、さらなる自由よりもむしろ安定を求める傾向を示すからである。娯楽番組の自由よりも子どもが「健全」に暮らす安定した社会が望ましいと考える親は多く、「安定性」確保の観点からみると、中国テレビ空間の越境番組にたいする規制にかんして、四十・五十代の親は国家と「共生関係」〔園田 2001: 88-89〕を結んでいるといえそうである。

このことは中国国内の人々だけの問題ではなく、中国のテレビ市場をめざす者にたいしても問われるべきかもしれない。メディア王マードックは「衛星放送による共産政治体制の崩壊」と発言して中国政府から厳しい対応をとられたあと、一貫して中国政府との協調路線を展開している。中国政府の脅威とならないよう自主規制することで事業認可や経済的利益を獲得しようとしているのであり、外からの番組流入が必ずしも「弛緩」につながるわけではない。

つぎに越境番組とナショナル・カテゴリー間の競争についてみてみよう。「近年韓国ドラマの中国国内における勢いによって、かつてみられたような日本ドラマの威光は消えている」〔『文匯報』二〇〇三年六月十九日〕といった報道のように、韓国ドラマが中国に浸透するにつれて、日本のドラマと比較する見方がメディアによくあらわれるようになっている。両者にたいする公約数的な「評価」はつぎのようなものだ。日本のドラマは脚本、撮影、俳優など非常に高いクオリティを保つが、中国の日常生活からの乖離《かいり》が激しく感情移入できない。韓国ドラマは日本製ドラマからの影響が明瞭であり、俳優が美男美女で占められドラマティックなストーリーであるが、それでいて伝統的な価値観から離れておらず、家族や友情など社会における多様な人間関係と人類の普遍的な感情が描かれていて身近に感じられる〔『新聞晨報』

二〇〇一年八月六日」。同様の日韓ドラマ比較はテレビ局のホームページなどにも見られる。たとえば湖南経済テレビ局のサイトでは「韓国ドラマは日本のドラマより真実味があり登場人物も日本のそれより温かみがある」(『大洋網』二〇〇二年八月八日)といった記事が掲載されている。

こうした相対比較はドラマにたいする個別の評価がなされるとともに、それをもとにした「韓国ドラマ」と「日本ドラマ」というナショナル・カテゴリーを単位とするブランドイメージの形成を促進している。そしてそのように立ち上げられたナショナル・カテゴリー同士は、評価やイメージをめぐり相互作用をおよぼしあう関係にある。さらには、これまで中国のテレビ空間では「国産」「港台(香港と台湾)」「日本」という枠組みで番組が語られることが多かったが、「韓流」の登場は「日韓」なるあらたな複合的ナショナル・カテゴリーを成立させた。たとえば、中央電視台(第八チャンネル)が放送した有識者討論番組「哈韓哈日の是非」では、「日韓」のドラマやタレントが中国で受け入れられている現象について批判的議論が加えられている(「CCTV.com」二〇〇三年六月六日)。また、「日韓」カテゴリーを鏡にした国産ドラマ批判も活性化している。日韓ドラマと比較して中国ドラマのテーマが重厚すぎたり単純な内容を複雑にしすぎたりしているといった指摘はその典型だ(『広州日報』二〇〇二年五月二十八日)。

中国への越境番組流入の増加と多様化は、文化の越境性や混成化を照らし出すどころか、むしろ相対比較を活発化させて、ナショナル・カテゴリー間競争を生み出している。中国テレビ空間が変動するなか、越境番組と国産番組を巻き込んだかたちで、イメージや認識をめぐる「国別対抗戦」がメディア言説において繰り広げられているのである。

このようにテレビ番組の越境的交通の増加によってナショナル・カテゴリー間の競争が「自然」なものとして認識されてくると、個別のテレビ番組に特定の社会や文化、国民性を代表させる傾向が強化されていくことにもなる。前述の『流星花園』にたいする批判的な報道の例が示すように、ドラマの描き出す内容そのものではなくその起源たる特定の国の文化社会的な「本質」と結びつけられてドラマが語られてしまうのである。

同様のことは「韓流」にかんする主要メディア言説においても指摘できる。韓国ドラマのベースにある儒教的道徳観念が中国の視聴者に受け入れられているという主旨の記事〔『揚子晩報』二〇〇一年八月十日、『広州日報』二〇〇二年五月二十八日〕や、韓国ドラマは儒教文化の影響を深く受けているためアジアの視聴者に共鳴を与えるといった見方〔『亜州週刊』二〇〇一年六月十八日号、『人民日報国際版』二〇〇三年五月一日〕が示すように、韓国ドラマを儒教文化の表出されたものととらえる視点が存在している。韓国の個々のドラマを「儒教文化」によって代表させ、さらにそれを「本質的」特徴とすることにより安易に番組の越境と受容を説明してしまうと、その過程や背後に存在する多様な文脈を無視することになりかねない。またそうして持ち出される「儒教文化」の語りが、欧米大衆文化への対抗的動機をどの程度包含しているかにも注意するべきであろう。

いずれにせよテレビ番組のようなポップカルチャー受容が、さまざまな文脈において容易に政治化される対象となりうることは認識しておかなければならない。「哈日族」の名づけ親である哈日杏子（本名・陳桂杏）は、台湾で定着した「哈日族」を台湾独立派と結びつける見方が台湾社会に存在しており、これが中国にも波及していることを指摘している〔『プレジデント』二〇〇一年四月三十日〕。「『哈日族』にみる李登輝等台湾独立言論の根源」といったタイトルの論説などはその一例である〔『中国青年報』二〇〇一年二月十五日〕。

中国テレビ空間における韓流とテレビ交通

中国テレビ市場は、その比類なき規模から、多くのアジアメディア産業の短期的・中長期的な戦略目標に想定されている。たとえば、韓流が注目されるようになってから、韓国の政府や各種事業者が韓流の持続的な発展・拡大に向けた明確な戦略の重要性を唱え始めており〔Kim 2002:14–15〕、政府・事業者とも一層積極的な取組みを実践している。

政府レベルでは、二〇〇一年に財政経済省が二〇〇八年北京オリンピック特需に言及し、「韓流」を活用した対中輸出増加計画を発表したほか、文化観光省も韓流を他の産業製品の対中輸出促進につなげようと支援体制強化策を発表している〔『月刊朝鮮』二〇〇一年十一月号〕。同年七月には文化観光省副長官が中国の国家広播電影電視総局を訪問して韓国テレビ番組にたいする規制緩和を要請したほか、テレビ番組交流にかんする政府間協議を適宜おこなっている〔『中国文化報』二〇〇三年五月二十三日〕。

事業者レベルでも、韓国タレントを中国のドラマに出演させたり、中国の映画監督を招いて韓流ドラマを制作したりするなど中国テレビ市場を視野にいれた布石が打たれている。加えて、韓国企業や中国企業が韓流ドラマの有名タレントを広告に起用して中国の市場シェア獲得をねらうケースがふえるなど、韓国と日本を含むほかの国・地域のメディア産業間の連携も深まりつつある。興味深いケースとして、日本のドラマ『やまとなでしこ』をリメイクして二〇〇三年八月より韓国で放送された『窈窕淑女』では、制作段階から中国国内二〇以上のテレビ局とのあいだで放送権販売交渉がおこなわれている[『新浪娯楽信息時報』二〇〇三年六月十九日]。さらに、放送権販売以外のビジネスを拡大すべく、ドラマで使用する楽曲に中国市場で人気の高い主演女優を起用するなどの工夫もなされている[『スポーツトゥデイ』二〇〇三年五月三十一日]。

以上のような韓国の政府と各種事業者による中国テレビ市場をにらんだ広範な活動が、たがいに連携して相乗効果を高めていく可能性がないわけではない。しかし、高麗大学教授キム・ジョンスが論じたように、中国での韓国ドラマの越境と受容は「設計された」戦略のみによって成立したと考えるべきではないだろう。キムは韓流の形成を促進した要因として、韓国文化産業の競争力、東アジアの政治経済変化、起業家的事業者、政策的支援といった点をあげたうえ、各要因は戦略的連携をともなわず、たがいに独立的に作用した結果、「設計されない成功」として「韓流」が成立したと分析している[Kim 2002: 14–15]。

本章でみてきたように、中国を中心とする東アジアにおけるテレビ番組の越境と受容の過程はきわめて複雑な様相を呈している。メディア関連事業者による流通、視聴者による消費、社会におけるイメージ形成、政策面からの直接・間接的関与など、複数の次元・空間に散在する無数の要因が相互に作用しながらテレビ交通にたえず影響を与えているのである。このことを視野にいれなければテレビ交通の複

図2『韓流』韓国のテレビドラマ、映画、俳優、歌手などを解説。

出典：陣飛、邱軍、洪銀河編『韓流』現代出版社、2001

雑かつ小刻みに変動する態様をとらえることはできない。中国におけるほかのアジアテレビ番組の交通を考えるには、政府規制、産業戦略、構造要因が文化の越境と混成の力学と交錯するなかでさらに複雑さを増していることをまずもって認識する必要があるのだ。

それ以外にも、中国のテレビ空間には不確定な要素がきわめて多い。中国大衆文化産業市場における韓流の課題として、違法コピーなどにより収益性と直結しない人気、トレンディドラマへの偏重、中国政府による規制、韓流にたいする一部世論主導層による否定的見解、欧米大手事業者の参入による競争激化などを指摘する意見もあり[Lee 2003:55]、これらは韓流を推進しようとする各関係者にとって予測・操作不能な側面を多分に備えている。実際、すでにふれたように韓流ドラマの急激な流入増加に懸念を表明する中国テレビ関係者の声は大きくなっている。台湾では二〇〇二年八月、急増する韓国ドラマ輸入に反対する台湾芸能関係者によるデモがおこなわれ、地上波テレビ、ケーブルテレビにかんして台湾製ドラマ放送の比率を定める施策がだされている[『南方都市報』二〇〇三年九月五日]。中国でも、流入する韓流ドラマが増加すればするほど、利益を奪われたと感じる否定的なエネルギーが中国のテレビ関係者を中心に蓄積されていく可能性はつねに存在する。これはひとつの予測にすぎないが、韓国メディア産業が今後さまざまなあらたな戦略を展開していったとしても、そこに焦点をあてるだけでは中国テレビ空間において韓国ドラマが消費される複雑な過程を追うことはできない。韓流にとって「設計され(え)ない」状況にも目を配る必要があるといえる。

さらには、韓国ドラマの中国テレビ市場進出を考察する際に、「韓国」対「中国」という明確に区分されたナショナルな枠組みを所与のものとして鵜呑みにはできないことにも注意すべきである。これまで検討してきたように、中国の主要メディア言説では、ナショナル・カテゴリーの鋳型にはめこもうとしたり、儒教文化などの代表性を付与したり、あるいは中国市場を侵略する韓国といったかたちで韓国ドラマを語る傾向が存在している。だが、韓流の中国浸透を国境や既定の文化体系といった枠組みにのみ回収する視点で眺めたのでは、死角となる部分が大きく残されてしまう。なぜなら、「中国市場」も「韓流」も、東・東南アジアの広範なテレビ空間のなかでの越境交通や文化混成の諸過程をすでに内包しているからだ。そこには、制作関係者や視聴者を含む人的交流、テーマや技術面の交流、評判やイメージの交流などきわめて雑多な往来が、国境や文化的枠組みを越えるかたちですでに織り込まれている。

このように、中国テレビ空間におけるアジアテレビ番組交通の多面的な動態とその受容にたいして、「設計され(え)ない」、「国境や文化体系に回収されない」領域をもとらえようとするまなざしを向けることによって、はじめて多様性、多義性、重層性、複合性を内包するテレビ交通のダイナミズムをとらえることができるのである。

参考文献

天児慧『現代中国——移行期の政治社会』東京大学出版会　一九九八年
園田茂人「中間層の台頭が示す新たな国家・社会関係」(園田茂人編著『現代中国の階層変動』中央大学出版部　二〇〇一年)

菱田雅晴「混乱の脅威——社会的安定性を問う」（天児慧編著『中国は脅威か』勁草書房　一九九七年）
劉雪雁「チャンスとチャレンジ　中国放送業界の競争と再編——ＷＴＯ加盟前後の動きを中心に」（『東京大学社会情報研究所紀要』六四　二〇〇三年）
『OneTelevision Year in the World 2001』（Eurodata TV 2002）

韓国語

Kim, Jungsoo「『韓流』現状の文化産業政策的含意」（『二〇〇二年度韓国政策学会夏季学術大会発表論文』二〇〇二年六月）
Lee, Seogki「韓流を利用した中国市場接近戦略」（『月刊ＫＩＥＴ産業経済』二〇〇三年三月号）

中国語

黄升民、丁俊杰主編『中国広電媒介集団化研究』中国物価出版社　二〇〇一年
単萼『百分百韓劇通』新世紀出版社　二〇〇二年
二〇〇一中国電視節目榜組委員会、新鋭二〇〇〇広告公司、「新週刊」雑誌社編著『中国電視紅皮書二〇〇二』漓江出版社　二〇〇二年

第五章　山中千恵

「韓国マンガ」という戦略

グローバリゼーション・「反日」・儒教文化

マンガ文化の広がり

近年、アジア域内の情報の交流や人的移動が拡大し、多様な文化が交錯するなかで、ポピュラーカルチャーのあり方にも、大きな変化が生じている。なかでも、マンガというメディアの広がりは、早くから注目されてきた。『ドラゴンボール』や『ドラえもん』が、アジアで人気をえているという報道を目にしたことのある人は多いだろう。とくに一九八〇年代以降、日本のマスメディアのなかには、マンガやアニメの海外進出を取り上げ、世界に認められる日本のポピュラーカルチャー像を自己陶酔的に描き出そうとする動きが目立ち始めた。

これにたいして、マンガコラムニストの夏目房之介は、メディアの描く「日本固有の文化としてのマンガ・アニメ」という枠組みでは、マンガも、その世界化も理解できないという。そして、マンガを異なる文化の交流と交配による、文化的な混成、つまり、ハイブリッド性という視点に注目することが必要であると指摘する[夏目 2003]。

マスメディアの報道は、あくまでも「日本」にこだわるものである。しかし、夏目の意見に従うならば、それだけではマンガ文化をとらえきれなくなっているということができる。いいかえれば、すでに日本のマンガは、「日本の」と冠した状況を越えて、アジアのポピュラーカルチャー間の、出会い、対立、ズレ、妥協や調整を通じ、もっと大きな変化を生み出しつつあるということである。

本章では、出発点を日本としつつも、そこから広く、多様な流れが交錯するなかで生じてきたハイブリッドなマンガ文化の一例として、韓国マンガを取り上げる。とくに、岩渕功一が指摘するような、アジア域内のポピュラーカルチャーのなかで、あらたに立ちあらわれる日本とほかのアジア諸国とのあいだの不均衡な関係性[岩渕 2001]を意識しつつ、その構図を、韓国のマンガ文化に注目し、描いてみようと思う。韓国におけるマンガ文化は、さまざまな面において日本のマンガの影響を受けつつも、韓国の社会的な文脈のなかで、「韓国」マンガをナショナルなものとしてイメージしようとするさまざまな力の交錯する場となっていると思われるのである。

なお、今回取り上げる「マンガ」は、一コママンガや風刺画を除く、連続した場面で物語が展開するような、いわゆるストーリーマンガが中心である。

韓国マンガ市場とはどんな市場か

現代の日本社会で、韓国マンガ、といわれて、すぐにいくつかの作品をイメージできる人はあまりいないかもしれない。ここではまず、現在の韓国マンガ市場の概略と、歴史的な背景についてみておこう。

韓国のマンガ市場は、韓国文化コンテンツ振興院(KOCCA)の調査によれば、約一五六億円規模と推定されており、二〇〇〇年には、約四五〇〇万部が発行されている。出版市場にマンガの占める割合をみると、発行部数に限っていえば、日本よりも多いほどである(グラフ1)。しかし、韓国で流通しているのは韓国人マンガ家の手によるマンガだけではない。日本マンガの翻訳版も、流通の中心にある。おのおのの市場占有率は二〇〇〇年以前には日本マンガ六割にたいして、韓国マンガが四割程度であったが、近年、韓国マンガの割合が六割を占めるようになり、日本マンガの占有率は四割程度にとどまっている。また、一九九〇年代末ころから、日本だけでなく、中華圏やヨーロッパからもマンガが輸入されるようになってきた[KOCCA 2003]。

都市の大型書店にいけば、マンガ専門のコーナーがあり、ビニールのかけられたマンガ単行本がならぶ風景は、日本とそう変わらない。マンガ雑誌は少年向けと少女向け(韓国では純情マンガという)、対象年齢別に分れており、雑誌の版型は日本の雑誌同様のB5判である。ただし、ハングルは横書きで表記されるため、書籍の開き方は日本とは逆の左開きになる。そのため、雑誌に連載されている日本マンガの翻訳版は、雑誌の最終ページから逆開きで始まることが多い。

さて、このような韓国マンガ市場ができあがったのは、ほんの一〇年程の出来事だといえる。韓国では、一九八〇年代末ごろまで、書店売りされるマンガ単行本は限られていた。マンガは子供向け雑誌の一部や付録として掲載される程度だったのである。しかし、マンガに人気がなかったわけではない。韓国では長いあいだ、マンガは購入するものではなかっただけである。マンガは、マンガ房と呼ばれるマンガ喫茶とレンタルショップをかねた施設で、借りて読むものであった。現在でもマンガ房は町のあちこちで見かけることができる。そのため、今でも韓国マンガ市場を、購入中心の市場といいきることはむずかしいかもしれない。しかし、書店で販売されている単行本がならぶ現在のマンガ房と異なり、かつてのマンガ房では、マンガ房専用の貸し本マンガが中心だった。この貸し本マンガに日本マンガの海賊版が多く含まれていたのである。

韓国では、第二次世界大戦後の建国以来、一九九八年の段階的開放決定までのあいだ、日韓の歴史的な問題に基づく国民感情を考慮するという理由から、日本の大衆文化輸入を禁止してきた。とはいえ、日本大衆文化輸入を禁止する、直接的な法律が存在したわけではない。映画振興法や公演法など関連法律に基づく行政処置により、結果として日本大衆文化の輸入ができなかったのである［小針 2001］。日本の大衆文化は、これらの法律をくぐり抜けるかたちで、韓国内に流入しつづけた。

韓国では、男性アイドルを形容して『キャンディキャンディ』のキャラクターを用い、「韓国のテリィ」と呼ぶことがあるほど、人々は日本マンガやアニメに慣れ親しんできた。しかし彼らのなかには、いまだに、子供のころに見た『キャンディキャンディ』や『鉄人28号』などが日本製の作品だと知らない人も少なくない。なぜなら、韓国内に流入した日本大衆文化は、基本的にそうとはわからないかたち

図1 大型書店のマンガ専門コーナー
韓国でもこのようなマンガ専門コーナーを設ける書店がふえた。

図2 平積みされる日本マンガの翻訳版

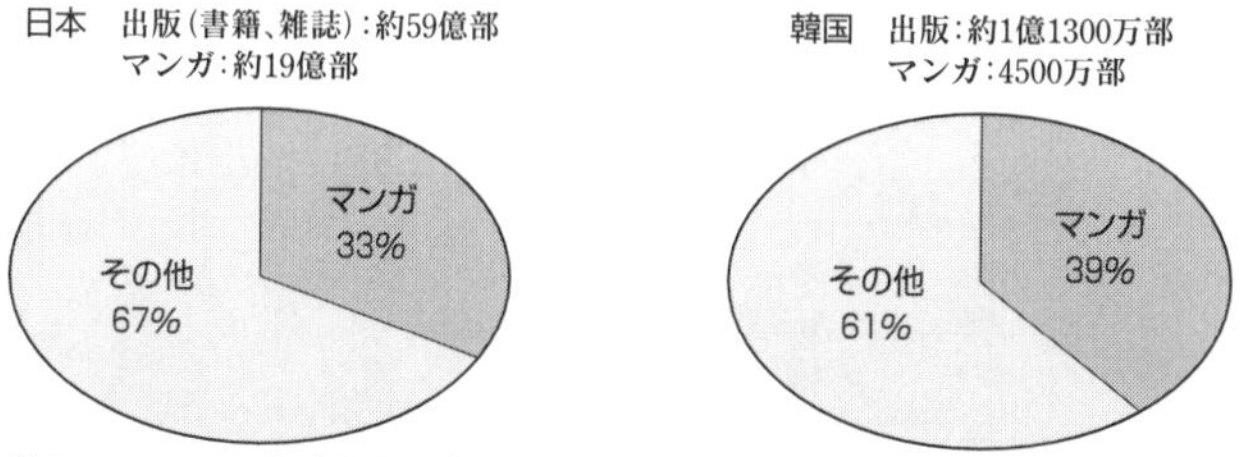

グラフ1 2000年度版発行部数占有率:出版物に対するマンガの占有率

出典(グラフ1):(社)全国出版協会出版科学研究所『出版指標・年報2001年版』および韓国文化コンテンツ振興院(KOCCA)『マンガ産業制作市場調査』より作成

に加工され、韓国の大衆文化として受け入れられたからである。マンガ房の海賊版日本マンガも、キャラクターの名前や、背景、作者名に手が加えられ、韓国マンガとして流通した。

しかし、一口に海賊版といっても、そのひとつひとつをみてみると、たんなる複製にとどまらない作品が多い。たとえば、『ガルチェ（喝采）』という純情マンガシリーズの場合、二次創作とでもいえるものになっている（図5）。『ガルチェ』の作者は、キム・ヨンスクという女性名になっているが、実際の作家は男性であり、さらにいえば、一人でマンガを描いていたわけでもなかった。彼は、「マンガ工場」の工場長であり、複数の人の手による分業で、マンガを生産していたのである。『ガルチェ』シリーズは、絵柄だけに注目するならば、初期には、日本のマンガ家、上原きみ子の、後期にはあしべゆうほのマンガにでてくる場面を模写したものである。しかし、ストーリーには、さまざまなマンガからの引用と、オリジナルの部分が混在している。『ガルチェ』は、ばらばらに模写した場面を再構成することで、参考にされていた日本のマンガとは異なる、別の物語を描き出しているのである。

韓国における日本マンガの海賊版は、たんなる模倣や韓国マンガへの一方的な影響の象徴ではなく、『ガルチェ』にみられるような、韓国のマンガ制作者たちによる能動的な試みを含んだものだったと考えられる。表現の模写や、物語のアレンジを通じて、絵やコマ運びなどのマンガというメディアをかたちづくる基本的な部分の混成を押し進めながら、独自の「韓国マンガ」として日本マンガ海賊版がつくられていたのである。

図3　現在のマンガ房の風景

図4　「昔の」マンガ房　プチョン市の韓国マンガ博物館内に再現されたもの。

図5　『ガルチェ』表紙

「日本」の前景化と三つの力学の成立

このようなマンガ房を中心とした貸本マンガ文化は、一九八七年の民主化宣言以降、韓国社会に転換点がおとずれるとともに、陰りを見せ始めた。民主化により、出版社の設立が自由化され、万国著作権条約にも加盟をはたし、出版環境に変化が生じたのである。翌八八年にはソウルオリンピックが開催され、翌年には海外渡航が自由化されるなど、このころから、人々が手にいれることのできる情報量は格段にふえていった。こうしたなかで、マンガ専門雑誌があいついで創刊され始めたのである。マンガ専門誌は、『ドラゴンボール』や『スラムダンク』などの日本でも大人気をえた少年マンガを掲載し、飛躍的に売行きを伸ばした。また、単行本も出版され、さらにその海賊版もでて、学校周辺の書店や文具店、露店、マンガ房などを通じて大量に出回った。『ドラゴンボール』は、一〇〇万部売れれば大ヒットという韓国のマンガ市場で、二五〇〇万部という売行きを示し、マンガを読まない人々の注目まで集めた。

これらの人気マンガは、貸本マンガ時代の海賊版マンガとは異なり、日本マンガとわかるかたちで連載された点に特徴がある。出版社は、日本と正式の版権契約を結び、ライセンスの存在を明記し、日本人作家名義でマンガを掲載することによって、海賊版を駆逐しようとしたのであった。さらには、日本マンガの人気を牽引力に、マンガ専門雑誌の売行きを伸ばしながら、雑誌連載と単行本化というルートを軸とした、購入中心のマンガ市場への移行をねらってもいた。

しかし、マンガ市場の広がりは、日本マンガの広がりでもあったため、社会的批判の的となった。すでに述べたように、韓国社会では、日本大衆文化の輸入が原則として禁止されており、日本文化を受容することを自体が問題になりうる状況であった。そのため、一九九〇年代にはいってからは、日本マンガの流入が進む状況を、日本大衆文化受容の問題として、再解釈・説明していく必要性がそれまでにも増して、高まったのである。

日本マンガの韓国攻略はすでに危険な水準に達している。忙しい日常に追われているあいだにわれわれの子供たちは性と残忍さを本質とする日本のマンガに中毒を起こし、自らも知らぬあいだに破滅的に従属してしまった。……日本マンガ進出のさきがけをはたした『ドラゴンボール』の場面を見ると、性と暴力という日本文化の特性をそのままあらわしている。〔『朝鮮日報』一九九一年五月十一日〕

ここで示した新聞記事の論調にもあるように、日本マンガを読む行為は、韓国に存在する「日本」にたいする拒否感、いわゆる「反日感情」全般と結びつけられて批判されることが多かった。さらには、こうした論調の拡大によって、日本製か韓国製かを問わず、マンガを読むという行為までもが批判されるようになっていった。そもそも韓国において、マンガというメディアは子供の読むものであり、低俗でくだらないものだと考える傾向が強い。これは、韓国の儒教的な伝統の残る文化観において、大衆文化を軽視する傾向があることとともかかわっている。こうして、マンガ批判と日本の大衆文化を受容することへの批判はセットになって、社会のなかで問題になっていったのである〔山中 2001〕。

批判は、おもにマンガを読まない「大人」からなされた。一方で、自分たちを、判断のつかない子供ではないと考える、若い世代のマンガ読者のなかには、こうした「大人」の態度に反発を覚え、マンガの話と、反日感情の問題は別に論じるべきことがらなのだとする者もあらわれてきた〔山中 2003〕。このような、マンガ文化を擁護してひとつの文化として社会のなかに位置づけていきたいと考える読者たち（以下では「擁護派の読者」）は、「大人」との対話・説得という難問に取り組み始めたのである。

韓国社会のなかで、「日本」というキーワードはさまざまな意味を含んでいるが、とくに韓国のナショナリズムと結びつくことが少なくない。よって、マンガの話をするためであっても「大人」に向けて語ろうとするならば、その語りのなかで「日本」をどのように位置づけているのかを考えておく必要がある。そしてそのうえで、マンガを低俗な文化とみなす文化観を切りくずすような語り方を模索しなければならないのである。

マンガを読むことをどのように評価し、語るのか、という問題が浮上してくるなかで、「大人」の側にも変化が生じた。一九九八年からの金大中政権において「文化創造力は、すべての分野を集結させる核心力量であり、これからは、この力量によって国家的位相が決定される」〔『朝鮮日報』一九九九年十月二十日〕というスローガンが掲げられ、アニメーションやゲームを含む文化産業への投資が拡大したのである。それまでにも、政府は一九九〇年代なかばから「マンガは単純な娯楽や趣味ではなく、高付加価値産品である」〔文化体育部 1995〕として、マンガを文化産業の発展の鍵を握る商品であると考えるようになってきていた。金大中政権において、それはさらに強調され、マンガに、経済的な価値という新しい意味が与えられたのである。

以上、韓国マンガ市場の概略と、その歴史を簡単に振り返ってみた。これらのことから、現在韓国マンガ市場や、韓国におけるマンガというメディアについて語るときには、少なくとも三つの要素を考慮しなくてはならないということがみえてくる。

ひとつは、日本との関わりである。日本にたいする拒否感や歴史的な問題に基づく「反日感情」を問題にする人々が存在するため、韓国マンガと日本マンガの混成の歴史は語りにくいものになっている。マンガを語る際にも、「日本」や日本マンガというカテゴリーとの関係や距離感を、どこかで意識する必要があるということである。二つ目は、マンガという文化の正当な評価をめぐる問題である。マンガ文化を擁護しようとする人々は、大衆文化にたいする軽視という「儒教的文化観」にたいして、マンガが低俗な文化ではない、ということを訴える必要性が生じた。また、マンガ文化が正当性をもつためには、それが「韓国文化」であることが要求されることもある。最後に、政府の政策からの要求によって、マンガ産業が国産産業として「経済的価値」を生み出すことが求められているという点である。

こうして、いまや韓国におけるマンガは、さまざまな立場からの要求を受けながら、位置づけられ、語られている。総じていえば、これらの要求は、さまざまなきしみを含みつつも、マンガに「韓国」というナショナルな枠組みを与えようとする動きとしてみることができる。韓国において、マンガにかかわる人々は、おのおのの利益を考えながら、これらの要素にたいして自分なりの発言や行動を決定していかなければならない。それは同時に、自分が「韓国」という枠組みづくりに、どのように参与するのかを明示することにもつながっているのである。この決定は、韓国マンガ市場が海外との結びつきを強めていくなかで、ますます複雑さを増してきている。

「韓流」へのナショナルな語り

近年の、台湾や中国を中心とした、韓国のドラマやポピュラー音楽の人気の高まりを受けて、韓国社会では「韓流（ハンリュウ）」という言葉がもてはやされるようになった。このように韓国社会のなかで、アジアにたいする注目が高まったのは、二〇〇〇年ごろからのことである。

「韓流」という表現には、韓国における自国のポピュラーカルチャーにたいする自信感の高まりと、それを産業に結びつけようとする文脈が存在している。たとえば、『中央日報』の「中国の韓流熱風ふたたび」という記事では、一月分の給料をつぎこみ韓国のアイドル歌手のコンサートチケットを手にいれる夫婦や、韓国ドラマを見て化粧法やファッションを研究する女性が取り上げられ、その人気の理由として、「韓国人たちは柔軟かつ強力な民族精神をもっており、その表現が、中国人の伝統的価値観と似ているからだ」という中国のメディア研究者による分析が紹介されている。そして、この流れを、中国市場開拓につなげていく必要性が強調されるのである［『中央日報』二〇〇一年八月六日］。

同じことは韓国マンガのアジア輸出にもあてはまる。韓国では、一九九〇年代なかばころから東南アジアおよび台湾、中国、香港といった中華圏へのマンガ輸出がおこなわれている。しかし、ドラマやポピュラー音楽に比べて、マンガの輸出規模は小さい。マンガ出版にかかわっている人の話によれば、「インドネシアや台湾、中国、タイへの輸出が多く、韓国内の人気タイトルのほぼすべてが輸出されている」とのことであったが、二〇〇一年の輸出売上高は、輸出をおこなっている出版社の合計で、九億ウォン（約九〇〇〇万円）程度であるとの報告もある［KOCCA 2003］。

それでも韓国マンガのアジアでの受容は、マスメディアによって、「韓流」のニュースとして報じられている。たとえば『朝鮮日報』は、「台湾の韓流熱風がマンガ界にも吹いた」として、第一〇回台北国際図書展における、韓国人マンガ家たちの人気を報告し、台湾マンガ雑誌への韓国マンガの連載が人気を集めていることや、台湾の新聞が「韓国マンガが独特な素材とおもしろさをかね備えている」と述べたことを紹介している。さらには、これを機会に中国市場進出の本格化が始まるだろうという韓国の出版社の自信が示され、韓流報道のルールを踏襲しているのである〔『朝鮮日報』日本語版二〇〇二年三月四日〕。

こうした、アジアへのポピュラーカルチャー輸出の報道が定着していくなかで、今度は逆に「漢流（ハンリュウ）」と呼ばれる、台湾や中国から韓国への、ポピュラーカルチャーの流入が活性化していることが指摘され始めた。マンガ輸入統計をみると、一九九八年から二〇〇二年までのあいだに、台湾、香港、中国から韓国へは、一二五五巻のマンガが輸入されている〔KOCCA 2003〕。これは日本からの輸入の一〇分の一程度の量ではあるが、ヨーロッパからのマンガ輸入の二倍以上になっている。

にもかかわらず、韓国マンガ市場においては、中華圏発のマンガの流通を軽視する傾向があるように思われる。輸入量がさらに少ないヨーロッパのマンガがメディアに取り上げられる場合があるのにたいして、それは無視に近い。実際、出版社とのインタビューでも、これらのマンガはあまり人気がないとされるのみである。また、ホームページ上で台湾マンガについて書き込まれた感想には日本マンガの模倣として台湾マンガを位置づけ、韓国マンガと差別化しようとするものもある。

これらのことから、韓国におけるマンガの「ハンリュウ」とは、基本的には「韓流」であり、一方向の流れを、より強くイメージしようとするものだということがわかる。いいかえれば、「韓流」報道を通じて、アジアのマンガ文化圏における序列化が無意識におこなわれているといえる。この序列は、日本へのマンガ輸出が、韓国において「快挙」「逆進出」といったニュアンスをもって語られていることを考えあわせれば、ますます明確になってくる。

「韓国」にとっての日本マンガ市場

韓国マンガの日本輸出は、一九七九年の『こばうおじさん』以降細々と試みられてきたが、大きな成功はおさめられなかった[宣 2002]。政府の文化産業支援が拡大するなかで、大々的に韓国の過去の人気作品が日本向けに翻訳出版され、注目を集めたこともあったが、マーケティング不足や翻訳の粗さが原因で失敗に終わっている。これらの試みは、韓国で評価の高いマンガがそのまま日本に受け入れられるわけではない、という教訓を残した。

そうしたなかで、近年、一定の成功をおさめる韓国マンガも登場し始めた。そのひとつに『新暗行御史』(小学館)というマンガがある。これは、韓国人の原作者と作画家の手による韓国古典のキャラクターや物語をアレンジしたファンタジーマンガである。韓国側で企画が練られ、それを日本の大手出版社に持ち込むかたちで連載が決定し、日本の少年マンガ雑誌に掲載された。その後、韓国のマンガ雑誌にも連載されるようになった。この、『新暗行御史』の日本版単行本第一巻の初版が一〇万部であったことを、『スポーツトゥデイ』は「『新暗行御史』日本列島強打!」の見出しで伝え[『スポーツトゥデイ』二〇〇一年十月二十二日」）、『東亜日報』も初版一〇万部が売り切れ、すぐに増刷にはいったことを報じている（『東亜日報』二〇〇一年九月二十七日）。これらの新聞は、『新暗行御史』が日本で人気をえた理由として、日本で通用する韓国人マンガ家の画力の高さと、『春香伝』や高麗葬といった「韓国的素材」のアレンジの優秀さをあげた。

しかし、この前年に『新暗行御史』の作家にたいしておこなわれたインタビューをみると、韓国で一般に語られているのとはいささか異なる成功の要因が浮かび上がってくる。この作家は、日本の出版社に、もともとコンピューターウイルスを素材にしたSFを提案したが、十分な反応をえられず、代案として、朝鮮王朝時代の官吏である、暗行御史を題材としたものを提出したところ、すんなりと了承をえられたという。また、日本側の編集システムは韓国と大きく異なり、編集者がマンガ制作過程に深く関与することを、作家自身が指摘している（『スポーツトゥデイ』二〇〇〇年十月十六日）。

つまり、この記事を読むかぎり、「韓国的素材」は日本側の希望に沿うかたちで提示されたものであり、その採用の背景には、日本側の韓国にたいする、オリエンタリズム的なまなざしが存在しているといえなくもない。また、ストーリー展開においても、日本側の編集者の介入により、日本のマンガ読者向けに現地化された、ハイブリッドなものになっていたことが推測されるのである。にもかかわらず、『新暗行御史』が「韓国マンガ」の日本進出として語られるのは、マスメディアが、先に述べた韓国マンガ市場に要求される三つの要素にたいして、多くの人が納得するかたちで答えようとしているからではないだろうか。つまり、「反日感情」には日本のマンガスタイルとの混成を語らないことで、「儒教的文化観」には伝統的な「韓国文化」の継承を前提することで、「経済的価値」にはその人気の記述をもって、『新暗行御史』の成功が紹介されているのである。むしろマスメディアの目的は、「韓流」報道においてもそうであったように、日本進出を取り上げながらマンガを語ることをとおして、評価される「韓国」という自己イメージをつくろうとしていたのだといえるかもしれない。

しかし、こうしたメディアのナショナリスティックな語りに違和感を抱くものも多く存在する。たとえば、一部のマンガの読者たちがそうであった。二〇〇二年末に、インターネット上のいくつかのマンガサイトとマンガ読者たちによって、政府や出版社の利益に左右されないマンガの評価を、という呼びかけのもと、読者マンガ大賞が企画された。読者推薦で候補作が決められ、投票やそれにともなう議論を通じて、マスメディアとは異なる、読者たちの発言の場をつくっていくことが試みられたのである。候補作には『新暗行御史』もあげられた。

読者マンガ大賞の企画に参加したのは、マンガ文化をもりたてていこうと考える「擁護派の読者」たちであったといえる。先にも述べたが、彼らは「反日感情」の問題を乗り越えたところで、「日本」との関係をとらえなおそうとしていた。彼らは、メディアが「反日感情」との問題ゆえに不問にしてきた、「日本」についての言及、ここでいう、マンガのハイブリッドさについての問題を、正面から取り扱おうとする意識をもっていたのである。また、「儒教文化観」への対応として、本質的な「韓国文化」を前提とするようなメディアの語り方にも疑問を抱いてきた。つまり、トランスナショナルなつながりをもつ作品にたいして、ナショナルな境界を設けようとするマンガの語り方に、違和感をもっていたのだといえる。

しかし、興味深いことに、彼らは、いくつかの紆余曲折をへて、『新暗行御史』を「韓国マンガ」とはいえないと結論し、候補作からはずしてしまった。おもな理由は、『新暗行御史』は制作過程に日本の編集者が介入し、日本の読者に向けて書かれたマンガであること、本の開き方が右開きであること、版権が日本の出版社にあることとされた。もちろん、作者が韓国人であることや、韓国的素材を利用していることを理由に反論もでた。しかし、最終的には『新暗行御史』は、そのハイブリッドさゆえに、候補からは除外されたのである。

もちろん、読者マンガ大賞をめぐる議論には、すべての読者が参加したわけではないし、すべてのマンガ関係者の意思をあらわしているわけではない。しかし、少なくとも、ネット上の議論と企画者たちに後日おこなったインタビューの結果からうかがえるのは、読者たちが、結局、『新暗行御史』というトランスナショナルなものに、「韓国マンガ」というナショナルな境界を与えてしまったということである。彼らは、自らの意図とは異なるにもかかわらず、メディアが流す「韓国マンガ」報道同様、「韓国」というナショナルな枠組みを再生産してしまったのだといえる。

たしかに、「擁護派の読者」たちは、マンガを通じて、トランスナショナルな想像力をかきたてられ、「反日感情」の問題を乗り越えていこうとしていた。しかし、彼らはそれと同時に、ナショナルなものを欲望してしまうという両面的な感情、いわゆるアンビバレンスをもっていたのである。読者マンガ大賞は、そのアンビバレンスが、彼らの意図と行動のズレを招いた例だといえるだろう。

韓国マンガの日本進出については、さまざまな語り方がある。しかし、いずれにせよ、これらの言説の多くが、日本は「進出」が困難なマンガ大国であり、マンガ文化の中心なのだというイメージをつくるのに、ある一定の役割を担っているのだということはできるだろう。そして、その日本へさえ進出をはたす韓国マンガ文化という自信は、アジアマンガ圏を序列化して眺めようとする韓国のアジアイメージの、根拠にもなりうるのである。

ヨーロッパ進出戦略と「韓国マンガ」の多義性

ここまで、おもにアジア域内への韓国マンガ産業の進出とそれに与えられた評価、そしてそれが生み出すイメージについて考えてきた。現在、韓国マンガは、アジア域内にとどまらず、ヨーロッパへの進出をねらっている。そのきっかけとして、二〇〇三年にフランスのアングレームで開かれた国際コミックフェスティバルにおいて、韓国が招待展示国となったことがあげられる。それ以後、ヨーロッパ各地のブックフェスティバルへの参加もふえた。この、ヨーロッパへの進出は、韓国マンガと、そこにかかわる人々にとって、どのような意味をもとうとしているのだろうか。

アングレームでの展覧会の企画を任されたのは、韓国文化コンテンツ振興院であり、内部に若手のマンガ研究者や評論家を中心とした、専門チームが組まれた。展覧会の主題は、「韓国マンガの躍動性」で、四つのセクションが設けられた。第一のセクションは、日常生活とともに発展してきた韓国マンガを紹介する韓国マンガの歴史展。二つ目は、若手作家をメインにすえた今日のマンガ展。そして三つ目のモバイルマンガ展では、携帯電話のマンガコンテンツが取り上げられ、四つ目のセクションとして、大学生マンガ展ではデジタルマンガ制作がアピールされた。加えて、躍動性を視覚的にあらわすものとして、野外広場では、韓国の伝統的遊びである綱渡りの公演もおこなわれた。

この展示会では、韓国側の狙いから、伝統文化とハイテク技術が強調され、ある意味オリエンタルでエキゾチックなものとしての「韓国文化」が演出された。この企画にたずさわった若手マンガ研究者は、これまでヨーロッパにおいては、韓国マンガは、日本マンガの一種として紹介されており「韓国マンガが、韓国の色で、韓国の顔をもって紹介されたことはなかった」という。そこで、展示においては、「韓国マンガ」をヨーロッパに知らせることが重要なテーマとされた。

じつは、この企画者たちのなかには、読者マンガ大賞の企画にかかわった者も含まれている。彼らは先にも述べたような、マンガを読むだけではなく、韓国におけるマンガ文化を積極的につくりだしていこうとする、「擁護派の読者」でもある。彼らは、『新暗行御史』をめぐる議論のなかで、韓国マンガ市場に要求される三つの要素にたいし、メディアのような、ナショナリスティックな回答を与えることに違和感を感じながらも、それを乗り越えた答えをみいだせないでいた。

この、「韓国文化」を演出するというアングレームの企画は、よくみてみると、彼らの抱えていたアンビバレンスが、ひとつの整合的な答えにたどりつかないまま、ヨーロッパ進出戦略へと転じたものだと考えることができる。

まず、この企画には、「反日感情」の問題を乗り越えたあとで、正面から向き合わざるをえない「日本」の文化的影響力の問題への彼らの複雑な意識があらわれている。彼らは、この企画の目的のなかには、「日本マンガに代表される東洋マンガのイメージをある程度満足させること」が含まれていたという。また、展示におとずれる人を「日本マンガに関心があった人たちのなかで、似たようなイメージがあるだろうなあと期待した人たちが大体だろう」と予測していた。来場者を想定しながら選別されたマンガは、近年発表されたマンガや、若手作家による作品が中心となった。それらは結果的に、日本マンガとの混成が感じられるものであり、それゆえヨーロッパにおいて流通力をもちうるものであったといえる。

企画者たちは、自分たちの選んだマンガが、日本のマンガスタイルを含んだような、ハイブリッドなものになったのは、そもそも、韓国マンガが日本マンガの文化的影響下にあるからだということに気づいていたはずである。しかし、そうと知りつつも、彼らは、企画意図を語るときには「韓国マンガを韓国の顔で」と切り出し、「日本マンガ」とは分離可能な、「韓国マンガ」を想像し、また、創造しようとする。つまり、彼らはハイブリッド化したマンガに国籍を問うことが無意味であると感じながらも、同時に、「日本マンガ」と「韓国マンガ」という明確な分類が成り立つことを、あらかじめ前提としてしまっているのである。だからこそ彼らは、この企画において、ハイブリッドなはずのマンガに、韓国伝統芸能の公演などを通じたエキゾチックな演出をほどこすことで「韓国」というラベルを貼りつけ、日本マンガとは「ちょっと異なる」目新しいパッケージをつくりあげ、ヨーロッパ市場へ売り出すことができると考えたのだろう。

図6　アングレーム国際コミックフェスティバルでのパフォーマンス　躍動的なパフォーマンスと物語の融合がマンガにも通じるとされた。

図7　韓国の「伝統的娯楽」としておこなわれた綱渡り公演

一方で、この「演出」は、「擁護派の読者」たちの望みをかなえるために、彼らが意識的に選択したものであったともいえる。彼らは、この企画によって、韓国マンガがヨーロッパで承認されることをめざすと同時に、韓国国内のマンガ文化を活性化させることを望んでいた。もちろん彼らは、韓国内でマンガ文化が社会的に承認されていくためには、いまだ「韓国」というパッケージが重要であり、「日本」という要素が目立ってはいけないことを承知している。しかし社会が望む純粋で本質的なイメージとしての「韓国」のパッケージは、「擁護派の読者」たちの求めるものではない。

そこで彼らは、ヨーロッパにおける「韓国」マンガ承認のキーが、ハイブリッドであっても韓国的、とみせる「韓国」の演出であることを利用した。自らが違和感を抱くような「韓国」を強調することなく、「韓国」マンガのアングレームでの成果を、韓国国内に持ち込むことによって、社会からのマンガ文化への承認を引き出しつつも、これまでの「韓国」とは異なる、演出可能で可変的な「韓国」を提示しようと試みたのだと考えられる。

このような彼らの「戦略」は、ある程度の成功をおさめたようである。少なくとも、韓国のマスメディアは、アングレームの企画に注目し、それを「成功」としていっせいに報じた。フランスの『リベラシオン』は韓国マンガを「日本マンガの辺境ではなく、独自の美的な創作力と表現をもっている」と評価したと伝えられた。さらに、フランスの出版社が、『『新暗行御史』を含む二編を翻訳して出版する予定だ」と名乗りをあげているともされた〔『韓国日報』二〇〇三年一月二十四日〕。

以上のことから、アングレーム国際コミックフェスティバルにおいて、企画者たちは、自らのなかにあるアンビバレンスを足がかりに、日本にたいする複雑な感情と、「韓国」にこだわりつづける・つづけなくてはならないアイデンティティの存在と、産業的な要請とにすべて、しかも多義的に、答えうるような、ヨーロッパ市場進出の戦略をつくりだしたのだといえる。

韓国のマンガ市場は、歴史的に、少なくとも、「反日感情」「儒教的文化観」「経済的価値」という三つの重層する要求に答えなければならない場として成立してきた。そして近年、アジアや、日本、ヨーロッパへのマンガ流通の拡大によって、要求にたいする答えも複雑化しつつある。

大きくみれば、ひとつには、日本マンガ市場を中心にすえ、アジアマンガ圏を序列化するなかで、自らの地位を高めていこうとする「回答」がある。そして、自国のマンガのハイブリッド性や現代性を利用しながらも、そこに「韓国」という意味を与えつづけることで、西洋からの承認を引き出し、日本マンガを脱中心化していこうと試みる「回答」もある。このように、韓国は、日本にたいする、一見相反する二つの動きを同時に推し進めながら、ダイナミックに「韓国マンガ」をつくりだそうとしているのである。

今後、韓国に限らずとも、アジア域内、そしてそれをこえたメディア交通が増加するなかで、産業的戦略は複雑化していくだろう。これまで以上にハイブリッド化していく文化のなかで、アイデンティティの問題を含みつつ、あらためて自国イメージをつくり、またその過程において、日本イメージがつくられていくという動きは、ますますダイナミックになっていくと考えられるのである。

参考文献

岩渕功一『トランスナショナルジャパン――アジアをつなぐポピュラー文化』岩波書店　二〇〇一年
小針進「韓国における日本大衆文化とその開放措置」(石井健一編著『東アジアの日本大衆文化』蒼蒼社　二〇〇一年)
夏目房之介「東アジアに広がるマンガ文化」(『アジア新世紀6　メディア』岩波書店　二〇〇三年)
山中千恵「韓国マンガにおける日本の位置付け――日本マンガの受容史」(『年報人間科学』第二二号　大阪大学大学院人間科学研究科　二〇〇一年)
山中千恵「韓国における日本まんが受容の論理」(『現代韓国朝鮮研究』第二号　新書館　二〇〇二年)

韓国語

韓国文化コンテンツ振興院（KOCCA）「マンガ産業制作市場調査」二〇〇三年
宣政佑「日本に吹く韓流シンドローム」(『Vision』ヨルム社　二〇〇二年)
文化体育部『出版政策資料集』一九九五年

Ⅲ 内なる「越境アジア」

第六章　田仲康博

円環の外へ

映像にみるアジア・沖縄へのまなざし

「アジア」に向けられるまなざし

アジアが注目を集めている。アジアをテーマにした学会が頻繁に開かれ、アジアにかんする書籍や雑誌の出版も跡をたたない。アジアの映像がさまざまな媒体をとおして日々私たちのもとに届けられ、家具、ファッション、雑貨などの「アジアン・グッズ」がブームとなり、アジアのさまざまな地域の料理が日本にいても味わえるようになってきた。さらに、アジア出身の歌手やタレントが日本のテレビに登場し、逆に日本のドラマやタレントたちがアジアで「ブーム」を巻き起こすことも今ではさほど珍しいことではない。韓国と日本で同時開催されたサッカーのワールド・カップをめぐる両国民の熱狂ぶりはまだ記憶に新しいが、人や物資の移動に加えてメディアを媒介にした情報の交換もさらにさかんになりつつある。「アジア」は、これまでになく身近な「場所」になってきた。

しかし、アジアを客体化して語る・視る行為には、つねにある倒錯がひそんでいる。それはじつはごく単純なことだが、日本もアジアの一部であるということに要因がある。つまり、私たちがアジアを語るとき、それは結局自分のことを含めて話しているはずなのに、ほとんどの場合だれもそのことに思いいたらない[岩渕 2001:256]。語る側と語られる側の両方の位置に同時に立っているということから、アジアを語る言説はつねに自己矛盾をはらんだものとなる。私たちは、アジアと自分との位置関係を問うことなしに、アジアを言説の対象としていることになる。

素朴な疑問が浮かんでくる。そもそも、「アジア」という名称はだれをあらわし、なに(どこ)をさし示しているのかという疑問だ。それは、具体的な国や民族を意味する場合もあれば、境界があいまいな地域(東北アジアなど)を示すこともあるだろう。あるいは「アジア的」と表象されるものが、じつはアジアとはなんら直接の関係がないということもあるかもしれない。具体的な場所を示すのではなく、受け取る側がある種のイメージを思い描くような架空の場所。そこにおいて「アジア」は、消費者の欲望を喚起し、商品価値を高めるための記号となる。したがって、ひとたびことばが指示する方向に目を向けてみると、「アジア」はとたんにその輪郭がぼやけてしまう。アジアは広くて多様だ、というごくあたり前のことを指摘したいのではない。ここではむしろ、「アジア」という表現自体にもともと含まれているあいまいさが、じつは便利な操作概念としてことばを利用することにつながっているのではないかということを考えてみたい[毛里 2002:191]。

「アジア的なもの」をめぐる語りは、日本人の自己意識と深くかかわっている。私たちは自らのアイデンティティを確認するとき、比較の対象となる他者を必要とする。すでに多くの人によって指摘されているように、戦後日本の自己意識にとっては「アメリカ」が重要な「他者」の役割をはたしてきた。戦後の至上命令とされた経済復興や民主主義の発展の度合を評価する際に、その「尺度」としてアメリカが引合いにだされることが多かった。しかし、追いつき追い越すべき「他者」を参照点にした戦後日本の自画像の陰には、つねにもう一人の「他者」がいたこともすでに指摘されているとおりである。その他者こそが、西欧・アメリカの対極に位置するものとして、つまり発展が遅れた地域として表象される「アジア」であった。アジアはつねに、日本がそこから離脱すべき「場所」として意識され、忌むべき「他者」として表象されてきた。否定すべき「内なる他者」として表象されるアジア。しかも、その否定(それはある種の自己否定なのだが……)のプロセス自体は隠蔽《いんぺい》され、忘却されてきた。したがって、自らの身体の内にある「アジア的なもの」は、名前を与えられると同時に捨象されるという逆説をあらかじめ内包していることになる。

本章では、アジアそれ自体を実体的・本質主義的に問うことよりも、アジアを語る私たちの位置について考えることが目的となる。いいかえると、アジアが「実体」として語られているようでいて、じつは私たち自身を語る際の参照点として「鏡」のような役割を与えられている言説の構図そのものを考えてみたい。その具体的な例として、ベトナムにかんするテレビ番組と二つの「沖縄映画」の表象を批判的に検討する。そこでは、沖縄やアジアをめぐる言説のなかでいまや一種のブームとなっている「癒し」が共通のキーワードとなる。沖縄の風景に「アジア」のイメージが重ね合わされるとき、その視線の先にあるのは、たんなる風景の類似性だけではない。映像メディアによってどう表象されているのかをみれば、沖縄もまたアジアと同じく「鏡」の役割を負わされていることがわかるだろう。

オーディエンスの位置

交通や通信の手段が極度に発達した現在では、語る者と語られる者のあいだの地理的距離はあまり意味をもたない。ローカルな出来事もひとたび電波にのれば瞬時にしてグローバルな事件としての扱いを受ける。グローバルな情報網の発達は国家の境界を無化していく側面をもっている。情報ネットワークの量的・質的発達にたいして、国家機関による規制がつねに後手にまわらざるをえないような局面にすでに達しているのだ。テクノロジーの発達によって物理的な距離が意味をもたなくなった一方で、しかし、情報や交通の結節点である都市部と周辺地域はいまだに非対称的な関係におかれている。プロダクション、配給会社、広告代理店など、消費文化の生産において中心的な役割を担うものは、いまだに限られた数の大都市に集中しているのが現状だ。メディア・コンテンツのほとんどは、都市部で製作され、そこから発信されている。

そこにあるのは、文化の非対称性とでも呼ぶべきものだ。非対称性(不均衡)ということばは、政治的権力や経済力の領域で使われることが多い。しかし、政治や経済の領域のみに焦点をあわせた従来の視点では、資本や労働のグローバル化が進行するなかで、行為主体が定点をもたずつねに移動を繰り返しているという「現実」を取り逃がしてしまうことも多い。交通や通信手段の発達は、一方で諸国間の経済格差を解消する契機をはらみながら、他方でそのアクセスをめぐってあらたな格差を生み出してもいる。最近、とくに文化の生産や消費の場面における非対称性が問題になってきたのは、こうした現状を反映している。

問われるべきことは、私たちが日々の生活を送るうえである一定の見方が回路づけられてはいないかということである。グローバリゼーションとは、ある支配的な語りが世界の隅々にまで浸透していくという側面をあわせもっている。たとえば、一見相反する二つのアジア観が流通していることに注意しよう。ひとつは、古代文明発祥の地でありながら、近代化に遅れをとり、今では過剰人口をはじめとして種々の問題をかかえているアジアという語り。もうひとつは、逆に――あるいは、だからこそというべきなのか――旅人のノスタルジックな欲望を誘う神秘的な土地としてのアジアという語り。いずれの場合もメディア言説やポピュラー文化の領域で語られる「アジア」とは、なにを／だれをさし示すことばかということがまず問われるべきだろう。さらに重要なことは、そう名づける者たちはどこに立っているのかということだ。一方的な視線の先に幻視されるアジアの風景とそこに仮想されるアジア人としてのアイデンティティ。それらは、どのようなプロセスをへて形成されているのか。そう問いかけることは、文化の領域に渦巻くさまざまな欲望と抗争に目を向けることでもある。

文化の非対称性が生まれるメカニズムを考えるために、さしあたってつぎのような設問からスタートすることもできるだろう。言説あるいは映像としてアジアを消費するオーディエンスは、どこに位置しているのだろうか。たとえば、テレビや映画に見入る私たちは、一般的にいわれるように、与えられた映像を消費するだけのきわめて受身な位置に立たされているのだろうか。近年のメディア研究の発達もあって、私たちは「生産者 対 消費者」という図式でメディアを見ることに慣れている。それによるとメディア・コンテンツや伝達方法についての決定権は生産する側にあり、オーディエンスには限定された選択の自由のみが与えられている。そこから、メディア言説の生産と受容をめぐる非対称的な関係のなかで、オーディエンスはつねに受け身な立場に立たされるという説明が導かれる。

しかし、そこには視ることにまつわる暴力の構図が隠されている。それがテレビであれ映画であれ、映像を視るという行為は、一般に想像される以上により積極的な行為だということに注意をはらうべきだろう。オーディエンスは、視る行為を通じてメディア生産の側と同じ世界観を共有するのみならず、それを支持する(あるいは、否定しない)ことで世界観をともに構築していくこともある。つまり、「視る」という行為に限っていえば、生産者も消費者もじつは同じ側に立っているという状況が考えられるのではないだろうか。映画やテレビを視るという具体的な行為を考えてみよう。テレビ画面やスクリーンの前にいる私たちは、カメラマンの位置に自己同一化することで——つまり、居心地のいい自分の場所を一歩も離れることなく——世界を視ていることに気づく。私たちはしばしば、その場にいるかのような気分を味わうが、しかし、それは視る側と視られる側とのあいだによこたわる「距離」を保ったままでおこなわれる行為なのだ。アジアへ向けられる視線という点で典型的だと思われる番組を検証することによってそのことを考えてみよう。

カメラマンの視線

ここで取り上げる番組は、ベトナムで黒モン族の村を訪ねる三人の日本人を追いかけるドキュメンタリー仕立てになったものだ（「美・健康・食 神秘のベトナム癒し紀行」琉球朝日放送、二〇〇三年三月十六日放映）。しかし、それは事物をありのままに記録することをめざす本来の意味での「ドキュメンタリー」ではない。というのも、三人の日本人が村に足を踏み入れたその瞬間から、村人の「日常」はさまざまな変化を強いられることになるからだ。むしろ、彼や彼女らはたんなる観察者としてではなく、三人がそれぞれのやり方で村人の生活を「実体験」するという最近はやりの設定になっていることから、番組はある意味で「物語」の様相もおびてくる。

番組の進行はつぎのような具合だ。三人はまず滞在しているサパ市の高級ホテルで黒モン族の少女たちと出会い、彼女らの案内で山間の村を訪ねることになる。ナレーターが観察者としての役割に徹し、透明な立場を維持する従来のドキュメンタリーの手法と異なり、相手方から客人として招かれるというプロットがこの種の番組では多く採用される。外部の者が土地に足を踏み入れる際に引き起こしかねない摩擦は、予定調和的な「出会い」によって回避されているわけで、そこでは物語のスムーズな展開があらかじめ約束されている。

さて、訪問者たちを乗せて村に向かう車は、村の近くを裸足で歩く人たちに出会う。そこに「自然とひとつになった生活、自然と身体は鍛えられているのです」というナレーションが流れる。できあいのことばとイメージで風景をなぞるような語り口で、温情主義的なオリエンタリズム的視線を感じる場面のひとつだ。村での三者三様の体験をカメラは追っていき、最後に別れの時がやってくる。ここでも「人が人として自然に生きる、それが究極の健康法なのです」というナレーションが挿入される。そのあとに続くシーンは象徴的だ。カメラが、番組の冒頭で登場した高級ホテルにふたたび移動するのだ。高価な服とアクセサリーに身を包んだ三人の日本人が、ホテルの豪華なレストランでワインを酌み交わしながら、村での出来事をさも懐かしそうに語り合うという場面でフィナーレとなる。

さほど時間がたっているわけではないのに、黒モン族の人々との出会いがここではすでに過去の出来事として回想の対象となっていることには注意を要する。三人(そして私たちオーディエンス)が黒モン族の土地を訪れ、村人たちと交流し、そして自らの場所(日本)へ帰るという構図はなにを示しているのだろうか。示唆的なのは、ホテルのスイートルームが「一泊二万円のリーズナブルな価格」であると語るナレーションだ。裸足で暮らす村人たちの生活に「自然」を感じ、賞賛の声をあげたナレーター(そして私たちオーディエンス)が、実際には村人たちから遠く離れた位置にあることをそれは物語る。それは黒モン族の生活空間から隔絶された都会のホテル、そして日本という居心地のいい場所から発話されたものなのだ。「視る」という行為において、三人がいるホテルとオーディエンスがいるリビングルームに本質的な違いはない。一定の感情移入をしつつ村の生活を束の間味わったあとで、もとの位置に連れ戻されるオーディエンスは、村の人々と異なる空間にいる自分をそこで再確認するという構図になっているわけだ。

じつは、オーディエンスは、もうひとつ別の意味においても元の位置に連れ戻される仕掛けになっている。旅人たちは、現にその場にいて村人たちと親しげに言葉を交わし食事をともにする。しかし、旅人やオーディエンスの視線の先にいる土地の人々自身は、まるで時間の外におかれているかのようなノスタルジックな語りが番組では終始貫かれている。事実この種の番組における「アジア」は、時間がその歩みをとめた場所として表象されることが多く、その意味においてオーディエンスが土地の人々と時間を共有することはない。案内役に同一化したオーディエンスが、アジアの街角や自然のなかで束の間の癒しを体験したあと、ふたたび安全な自国のお茶の間(文明圏?)へと連れ戻されるプロットになっているからだ[岩渕 2001:266]。

ここには、「視ること」にまつわる暴力が潜んでいる。黒モン族の村人たちの「日常風景」は、番組をつくる側の製作意図によってフレームの枠内に切り取られ、編集されたうえで私たちオーディエンスのもとに届けられる。注意すべきことは、番組を製作する側(=村人たちを視る側)は、つねにフレームの外に位置するカメラマンの位置に立っているということだ[港 1999:15]。フレームの外部にあって、内側の世界をファインダー越しに覗き込む地点。その「不在の地点」こそが「カメラマン」の立つ位置なのだ。カメラで撮影された映像を視るという約束事(それを構造といってもいい)からオーディエンスはけっして自由になれない。いいかえると、オーディエンスの視座は、カメラマンの身体に同一化するようにあらかじめ規定されている。

「カメラマン」は、被写体の一部始終を視る位置にあり、しかもフレームのなかに世界を写し取る絶対的な権限をもつことになる。それは、けっして「観察する」ということばで示されるような、ある種の受動的な行為ではない。そこにおいて、被写体は、外部から覗き込む他者によって「発見」され、しばしば他者の美学や倫理観の範囲内に体系化されるままの存在へと単純化・矮小化される。アジアをめぐる番組の多くにみられるこの構図が示すように、視る者と視られる者とのあいだには超えがたい「距離」があるのだ。

物語のなかで

前節で述べた「距離」についてさらに理解を深めるために、ここでは沖縄をめぐるメディア表象を例にとって考えてみよう。アジアへ向けられるまなざしと沖縄に向けられるまなざしのあいだには多くの類似点が認められる。いずれも「癒し」を与える場所として表象され、温情主義的なまなざしにさらされつつ、しかもそこに「距離」が生み出されている点がとくに注目に値する。

ここ数年来、沖縄をあらわすキーワードのひとつに「癒し」が加わった。郷愁を呼び覚ます風景、優しさにあふれた島の人々といった「楽園の島」「癒しの島」を喧伝《けんでん》する語りが、メディアをとおして再生産されていく。曰く、ゆったりとした時間の使い方や長寿食を沖縄に学ぼう。曰く、そこへいけば本当の自分を発見できる。そんな語りがめっきり多くなった。島の風景に「癒し」という付加価値が加わり、観光沖縄の商品価値がさらに高まったと評価する声も多い。しかし、南島・沖縄をあらわす記号だけが現実との接触点を失って一人歩きしている状況を考えると、その陰にひそむ大きな問題が浮かび上がってくる。

「南の島」への憧れには、当然のことながら北からの視線が含意されている。つまり、「南」という意識そのものが、あるベクトルを含み、同時に視る者の位置をさし示しているといえるだろう。それについての詳細な議論は別稿にゆずるとして、ここではある種の南への視線を共有する一群の言説を「南島論」としてくくることにしよう。柳田国男の『海南小記』が先鞭をつけたこの南島をめぐる言説は、おおむねつぎのような筋道をたどる。日本と沖縄はもともと起源を同じくする。それぞれの歴史をへるうちに、両者のあいだにはさまざまな差異が生まれていく。違いはしかし表面的なもので、古層の記憶を共有するという点で日本と沖縄は同根のものである。産業化・都市化をへた日本においては失われてしまった「なにか」が、近代化が遅れた沖縄には残された……[田仲 2003]。

こうして南島をめぐる「物語」はひとまず完結するわけだが、自らが失ったなにかを再発見できる場所としての「南島」がそこに幻視されていることに注意しよう。近代化の過程で失ったなにか、満たされないなにかを補ってくれる装置としての南島・沖縄。このような「沖縄＝反近代」という図式は南島をめぐる言説のほとんどに共有されている。興味深いのは、そこでは「欠如」を示す指標が、いつしか「豊饒《ほうじょう》」を示す指標として読みかえられていることだ。それは、日本本土においては失われた「なにか」が沖縄に投影され、しかもそれが沖縄を表象するポジティヴな記号として一人歩きを始めることにつながっていく。南島論に特有なその「物語」をやや乱暴に集約すれば、沖縄の島々にはいまだに古の時が流れ、外部からおとずれる者たちを迎え入れ、癒しを与える心優しき人々がいるということになる。

重要なことは、「反近代」とはいっても、それが大上段に振りかぶった主義主張の類を意味している

図1　さまざまなイメージの交錯

わけではないことだ。それは、都会の喧騒、疎外、過度の合理主義など、近代を象徴するものの不在を提示するだけでことたりる。それらの不在そのものが、近代へのアンチテーゼとして積極的な意味をおびて、島の風景に書き込まれていく。実際、「欠如」から「豊饒」への興味深い意味の転換は、最近の沖縄をめぐる言説に特徴的なことだ。たとえば、かつて貧しさの象徴と考えられていた庶民の家庭料理が、突然豊かさを象徴する「長寿食」として読みかえられるような皮肉な現象などがその好例だろう。重要なことだが、「反」ということばに通常付随すると考えられる強い意志――主体性といいかえてもよい――は、その図式からすっかりぬけ落ちている。

あるがままの沖縄が他者の網膜に像を結ぶことがないのもある意味で当然のことだといえる。というのも、沖縄はそこにおいて他者の視線の先にある「鏡」の役割を負わされており、そこに映し出される像は他者の「自画像」でしかないからだ。他者の興味は結局のところ彼ら自身にあって、沖縄は彼らが自らを映し、かえりみるための「装置」でしかない。島の住人たちには、せいぜい癒しを与える装置の一部分としての受動的な役回りしか与えられてはいない。そこへいけば「旧き良き日本」を再発見できるとする観光情報誌の語り、そして伝統的共同体の積極的な側面のみを喧伝しがちな映画やテレビの映像世界にはかつての南島論と共鳴しあう部分が多い。

映画『ナビィの恋』(中江裕司監督、一九九九年)に登場する風景は、沖縄本島からさらに遠く離れた粟国島というローカルな場面設定でありながら、じつのところ「旧き良き日本」を映し出す「鏡」として機能している。沖縄文化の「多様性」を称揚する語りはここ数年よく聞かれるものだが、「沖縄映画」

としては例外的なヒット作となった『ナビィの恋』もそんな語りを再生産するものだ。この映画にはじつに多彩な風物、音楽、人々が登場する。たとえば、オペラ歌手、琉球民謡歌手、アイルランドの音楽家などが競演する場面がやや唐突にあらわれるが、それは多種多様なものが混在する(と賛美される)沖縄文化の一面を表現する試みで、この映画の視線が向かう先を象徴的にあらわすシーンのひとつだといえる。じつは、『ナビィの恋』にはもうひとつの沖縄の側面である米軍基地がまったく描かれていないという批判もあった。しかし、ここでは映画によって排除されたものよりも、むしろそこに集約された沖縄の記号性に注目したい。

この映画によって物語化された「沖縄」のイメージは、現実の沖縄を越えてある種の普遍性をもつ風景へと昇華されていく。それは、人々がまだ親密な関係を保っていた伝統的共同体の風景にほかならない。つまり撮影現場となった粟国島は、日本の原風景としての共同体を体現するもので、それは想像／創造された古日本(=沖縄)のイメージなのだ。『ナビィの恋』の風景に「懐かしさ」を感じたという感想をよく耳にするが、それは映画のまなざしがどこへ向かっているのかを正確にいいあてている。ここで重要なことは、だれが見ても懐かしさを感じるという点にある。つまり、この映画を見て懐かしさを感じるのは沖縄出身者に限らない。沖縄が題材となってはいても、そこに描かれているのがじつは「旧き良き日本」の範例として描きなおされたイメージ世界としての「沖縄」だという点が重要なのだ。『ナビィの恋』を視る者は、島の風景をノスタルジックに眺め、風景に同一化する安心感をえる。「癒し」とは結局、その同一感が生み出すある特定の感情、居心地の良さをいうのだろう。

映画の冒頭と最後に登場するシーンが、同じアングルから撮影された粟国島の遠景であることはじつに興味深い。同じ構図になってはいても冒頭のシーンでは近づき、最後のシーンでは遠ざかっていく島。それは、カメラマンと同じ位置に立って島を眺めるオーディエンスの位置、『ナビィの恋』を視る「定点」がどこにあるのかを象徴的に物語っている。映画を視る者は、カメラマンの視線を仲介して海のかなたから島をおとずれ、物語の最後にはふたたび海の向こうに戻っていく。結局のところオーディエンスは、共時的な風景のなかで島人とともに生きているわけではない。海は、物語世界(島)と現実(旅人・オーディエンスが帰っていく場所)のあいだによこたわる境界域なのだ。それはまた、島人とおとずれる者のあいだによこたわる圧倒的な「距離」を象徴的に示すものでもある。島の「日常」は、そのまま島に封じ込められ、「旧き良き日本」を味わった旅人たちは束の間の癒しをえて、満たされた気持ちのまま物語世界をあとにする……。先に述べたアジアへ向かう視線と同じベクトルをここに見つけだすことはそうむずかしいことではない。

視られる者の位置

「南島」のイメージは、一九七二年の復帰以降の県や国の政策、そして観光産業に取り込まれることでいつしか実体化され、書割的な島の風景をつくりだしてきた。こうしてリゾート整備が進んだ沖縄の風景は、新しいイメージの源泉となっておとずれる者たちの欲望をさらに誘う。現在の沖縄は、イメージと現実が複雑に絡まり合った「円環」のなかに閉ざされているといえるだろう[田仲 2000]。『ナビィの

図2 『ナビィの恋』(video)
(販売元：バンダイビジュアル)

図3 『ちゅらさん』(NHKDVD)
(発行：NHKソフトウエア)

恋』はそういう文脈において登場し、「癒しの島・沖縄」という語りを再生産することで沖縄ブームをさらにあおる原動力ともなった。そして、イメージの連鎖が織りなす南島の風景が再生産されていくうちに、南島への憧れが島の人々にも共有されるようになってきた。たとえば、「癒しの島」というイメージは、いまや当の沖縄で生活する人々によっても積極的に消費されている。島の人々のまなざしの先にノスタルジックな像を結ぶ「南島」。そして、幻視された場所でしかない「南島」に呼び出される、優しく元気な「沖縄人」。そんな自己イメージについて地元からあまり批判の声が上がらないのは不思議なことだが、むしろ、自らの土地にユートピア的幻想を抱くような発言を聞くことがこのところ多くなっている。

それにしても、もともと外から島をおとずれる者たちがもたらした南島への特異なまなざしは、どういう回路をへて島の人々に内在化(身体化)されていったのだろうか。その問いに答えるためにはさしあたって、視られる者たち(沖縄の人々)が南島へのまなざしのなかでどんな風に表象されているのかを考えてみる必要がある。『ナビィの恋』が典型的に示すように、メディアにしばしば登場する沖縄人の表象がステレオタイプの域をでることはほとんどない。たとえば、ある機内情報誌の特集「この人の沖縄力」は、沖縄人のイメージをあるカテゴリーに回収する語りの代表的なものだ。「沖縄力」とは耳慣れないことばだが、特集記事によるとそれは、「いつも前向きで決して後を振り返ることなく、自由奔放に人生を切り拓く、ウチナーンチュのバイタリティのこと」〔『Coralway』日本トランスオーシャン航空、二〇〇一年新北風号〕をいうらしい。この種の描写が象徴的に示すように、メディアに登場する沖縄の人々は、永遠のハレの空間にいるかのような楽園の住民として描かれることが多い。

南島論の語りにおける「沖縄」は、隅々まで制度化され、閉塞状況に陥った社会から逃避できる「場所」として位置づけられていたことを思い起こしてみよう。それは現在の沖縄に過去の日本を重ね合わせるようなノスタルジックな語りでもあった。つまり、それは「今・ここ」にはない社会への憧れが未来ではなく過去に向かって回路づけられるような装置として作動する。つまり、視る者(旅人)にとっての沖縄は、彼女や彼らにとっての日常的な空間と時間の「外部」に位置している。

そうしたまなざしは、容易に転移可能なものだ。「反近代」を体現するようなものとして自らの土地——より正確には沖縄のなかでも開発の進んでいない土地、たとえば本島北部や離島など——をノスタルジックに視るようなオリエンタリズム的視線が、沖縄の側でも内在化されてきた。時間(歴史)の外部におかれた「癒しの島」として自らを映し出す「鏡」を沖縄の人々はもってしまったということだ。沖縄ブームにうかれ、積極的に沖縄イメージを消費する人々が当の沖縄においてもふえてきたということは、視線の内在化というプロセスがいつのまにか進行していたことを示すものだろう。人々の日常意識はそのプロセスのなかで変化を強いられるが、そこではメディアが重要な役割をはたしていると考えられる。メディア言説の風景描写や人物設定に問題があるとすれば、それはその語りが自己準拠的であるということだ。つまり、メディアの語りが外部に参照点をもたず、自らの言説を批判的に検証する回路を失いつつある点に問題がある。

イメージのみが先行する「沖縄」に「沖縄人」が呼び出され、「沖縄らしく」あることを強いられる。

青い空、青い海に囲まれた亜熱帯の楽園、沖縄。現在の状況がどうであれ、つねに優しく明るく振舞う島の人々。いずれも、もはや観光案内のキャッチコピーにとどまらない影響力をもち始めている。文化が、私たちの日常意識を編成する「装置」であることに私たちはもっと意識的であってもよい。そして、政治とは無縁のものとされがちな文化こそ、じつはもっとも政治的なものだということもあわせて理解する必要があるだろう。陽光あふれる島の風景、そこに暮らす楽園の住人。南島をめぐる語りはいつも誘惑に満ちている。南島をめぐるまなざしが交錯する地点に呼び出される沖縄・沖縄人を賛美する言説は、大国の狭間にあって翻弄されつづけてきた島の人々の心に束の間の意味と帰属感を与えてきたし、今も与えつづけている。なし崩しに進行してきた沖縄の「非政治化」と、文化の領域の盛況ぶりとはけっして無縁のものではない。安住の地が約束されたかのような幻想を沖縄人に与えたものが南島論という「物語」だったとすれば、その視線は今なおメディア言説のなかに継承されている[田仲 2002:190]。

マチブイのままに

これまでみてきたように、アジアに向けられる視線と沖縄に向けられる視線にはいくつかの共通点がある。その視線は「アジア」や「沖縄」という予定調和的なイメージ世界をつくりだし、ある思考の枠組みを準備してオーディエンスを待ち受ける。それは、視る側と視られる側の非対称的な力関係に基づいていて、しかもその関係をつねに再生産する方向に作用する。いずれの場合も、視られる側が、視る者の視線を内在化することによってプロセスが完結する。

そのような視線を解体する試みがないわけではない。一例として高嶺剛監督の『夢幻琉球――つるへンリー』(一九九八年)を検証してみよう。それは、さまざまな点において『ナビィの恋』の対極に位置する映像世界だといえるだろう。『夢幻琉球――つるへンリー』は、複数の言語が交錯し、登場する人や物はもちろんのこと、風景までもが錯綜する不思議な世界をつくりだす。映画の最大の特徴は、一貫したナレーションを可能にする「定点」と呼べるものが存在しないことにある。むしろ、「物語らないこと」に高嶺ワールドのユニークさがあるといってもいいだろう。

主役の島袋つるは放浪癖のある民謡歌手、彼女の息子ヘンリーは高等弁務官(復帰前の沖縄に君臨した米軍の最高権力者)とのあいだに生まれたハーフという設定になっていて、二人の居場所は物理的な意味でも精神的な意味でも定まらない。しかも、拾ったシナリオをもとに母親と映画をつくり始めるヘンリーの生は、自らが製作する映画の主人公ジェームズのそれとも重なり合い、後半部で彼は劇中劇のなかにまで登場するから、登場人物自体がもともと多元的な存在として描かれていることがわかる。逆説的な言い方をあえて試みると、高嶺映画の登場人物たちは描かれること自体を拒否する存在、とでも表現すべきなのかもしれない。

『夢幻琉球――つるヘンリー』にはさまざまな言語が登場する。北京語、台湾語、英語、日本語、沖縄語、そして八重山語が、ほぼなんの脈絡もなく、しばしば同時にオーディエンスの耳にとびこんでくる。従来の「沖縄映画」は、プロの俳優による流暢な「標準語」、もしくは(土地の者には不自然に聞こえる)沖縄語のいずれかによって表現されることが多かったが、高嶺は、プロとアマがいりまじったキャストにそれぞれの言語をしばしばアドリブをまじえて自由に話させる。それによって、異なる響きをもつ言語が幾重にも重なった重層的な世界を生み出すことに成功した。当然のことながら、オーディエンスも均質なものとは想定されていない。異なるオーディエンスのために日本語字幕付きと英語字幕付きの二種類のフィルムが用意されていることが話題になったりもした。

じつは、この多声的で混沌とした世界こそが、沖縄の現状を照らし出すものなのだ。たとえば、島袋つるがラジオ中継のため「象の檻」(各国の無線を傍受するために在沖米軍によって設置された巨大なアンテナで、その形状からそう呼ばれている)を背景に民謡をうたうシーンがある。ゆったりとした民謡の調べに北京放送を介して聞こえてくる「インターナショナル」が重なり、さらに上空をとぶ米軍機の無線の英語が重なり合う。このシーンそのものはもちろんフィクションだが、国境の周縁部に位置する沖縄ならではの歴史や記憶がそこに織り込まれている。実際、台湾や中国本土に近く、しかも米軍基地をかかえる沖縄では、今でもラジオやテレビの電波がしばしば混線する。映画のさまざまな場面で聞こえてくる重層的な音の響きは、沖縄がおかれている地政学的な状況を伝える複数の「声」なのだ。そして、それはまた、確固としたアイデンティティを否定する意思表示でもある。ジェームズのモノローグ「私はアメリカ人ではない。日本人でもない。沖縄人でもないかもしれない」は、揺れ動く少年の心をすなおにあらわしたものだ。しかし、そこに「今・ここ」ではないどこか別の時空間(未来?)へ向かうまなざしを重ね合わせることもできるのではないだろうか。

ちなみに、映画を見ているかぎりでは三人が一緒にうたうことになるいきさつはわからずじまいだ。

図4　『夢幻琉球——つるヘンリー』

それに、沖縄にいたはずのつるとヘンリーが突然台湾に姿をあらわす場面の前後には、通常ならプロットに織り込まれるべき移動シーン（たとえば、ジェット機や空港といった記号……）がまったく介在しない。「移動」こそが常態であり、あらゆる「境界」を無視して生きる島袋つるやヘンリーの面目躍如たる一場面だといえる。

一定の視座に安住することが許されないのは、登場人物だけではない。高嶺映画のオーディエンスは、しばしば自らの立つ位置がゆらぐ感覚を味わうことになる。それは、視る者が解体されていく瞬間だともいえる。たとえば、台湾の港町キールンでのシーンは、この視座のゆらぎを象徴的にあらわすものだ。島袋つる（大城美佐子）と二人の台湾人歌手（金門王と李炳輝）が「蘇州夜曲」をうたう場面では、彼らの背後で波に揺れる漁船がいやおうなく観客の目にはいってくる仕掛けになっている。スクリーンを視る者は、船と一緒に上下する感覚を味わいながら、微動だにしない三人の歌い手から逆に見返されている感覚を味わうことになるだろう。

高嶺映画は、イメージ世界のなかに予定調和的に封印された沖縄やアジアではなく、それらをその混沌のままに観客の前に投げ出してみせる。混線する電波、錯綜するイメージ、二重写しになる風景、呼び起こされる暴力の記憶、そして脈絡のない会話などは、時としてオーディエンスを不安にさせる。しかし、じつはそれこそが私たちが生きる時代の貌《かたち》なのだともいえる。視られる者たち――彼女／彼らはまた声をあげることのない者たちでもある――をともに生きる時間（歴史）のなかに呼び戻すことが求められる今、高嶺映画の世界は、安易な同一化を志向しないオルターナティブな回路を開く試みだといえるだろう［四方田 2001：113］。

「わかりやすさ」を至上命令とするメディア言説は、すべてを了解可能な円環のなかに回収しようとする。一見それに対抗する動きのようにみえて、その実「多様性」というはやりのスローガンのもとに種々雑多なものをかき集めただけでことたれりとする風潮も強い。しかし、混迷の度を深める時代だからこそ、映像であれ言説であれ、わかりやすい説明にあえて意義を唱え、押しつけられたアイデンティティを拒み、予定調和的で居心地のいいイメージ世界へ誘う声を拒否することがますます重要になってくる。現状を「多様性」や「多文化」といったわかりやすいことばに回収してしまわないこと、そして、混沌のさなかになにか新しいものが生まれる息吹を感じとる力を育てていくことが求められている。高嶺は、『夢幻琉球――つるヘンリー』のキーワードとして「マチブイ」をあげる。それは沖縄のことばで「混沌、カオス」を意味する。円環の外にでるためには、さしあたって、マチブイの只中に身を投じて多様な声に耳をすますことから始めるしかないだろう。

参考文献

岩渕功一『トランスナショナル・ジャパン――アジアをつなぐポピュラー文化』岩波書店　二〇〇一年
田仲康博「祝祭空間『オキナワ』」（『現代思想』十一月号　二〇〇〇年）
田仲康博「メディアに表象される沖縄文化」（伊藤守編『メディア文化の権力作用』せりか書房　二〇〇二年）
田仲康博「物語世界のなかで――南島をめぐる言説と沖縄」（『InterCommunication』No. 46 Autumn, 二〇〇三年）

港千尋「映像の自然」（伊藤俊治・港千尋編『映像人類学の冒険』せりか書房　一九九九年）
毛里和子「辺境学からみた地域・民族・国家」（中見立夫編『境界を越えて――東アジアの周縁から』〈アジア理解講座1〉山川出版社　二〇〇二年）
四方田犬彦『アジアのなかの日本映画』岩波書店　二〇〇一年

第七章　東 琢磨

「在日音楽」という想像力

コリアン・ジャパニーズ・ミュージックの（不）可能性から、音楽が「在日」することへ

「在日音楽」という発想

本章のタイトルとなっている「在日音楽」という、ある種不可思議な言葉は「在日韓国・朝鮮人音楽」あるいはKorean Japanese Music（Korean Music in Japan）の略として考えていると、とりあえずいっておく。このような用語は私の知る限りはない。つまり、一般的なものではないということであり、おそらく、私（たち）の造語であるだろう。

「在日韓国・朝鮮人（あるいは在日コリアン）」という言葉を「在日」として縮めて流通することが可能になっているのも、一部の人々にたいしてだけかもしれない。しかし、小説家・梁石日《ヤン・ソギル》が一九八九年におこなった講演で「総合的な在日文化」[梁石日 1990:19]といういい方をしているように、「在日韓国・朝鮮人」にかかわる人々のあいだで、こうした略し方は一般的になっているといってもいいだろう。同じ

く作家の金石範《キムソクボム》は、「在日」論の書である『「在日」の思想』に収められた同名の文章のなかでこのようにいっている。

ここでいう「在日」は在日朝鮮人のそれを指しているのだが、いうまでもなく「在日」している のは朝鮮人だけではない。しかしわれわれは、この「在日」をあたかも在日朝鮮人を特定しているもののようにして使う。近年、若い世代のあいだで「在日」を主題にしたミニコミ誌などが出されてその傾向がひろまっているが、「在日」の意味内容も在日朝鮮人一世、二世たちの人口構成とその意識の変容とともに、いままでとはかなりニュアンスが違うものになりつつあるといえよう。「在日」とは何かとか、「在日」の思想とか、いままでとは違った形での「在日」が問われたりしており、そしてその場合、他に在日外国人は存在しないか、「在日」は在日朝鮮人が代表しているかの如くである。

繰り返していえば、在日外国人は朝鮮人だけではない（果たして若い世代を主体にした在日朝鮮人の内実が、日本人と違う「外国人」になっているか、どうかは疑問のあるところだが、その論議はさて措いて）。しかし、そのなかでも在日朝鮮人の置かれている位置は、その歴史的な形成過程からしても、人口比率からしても、そして現在におけるその存在の仕方からしても、単に一定の外国人の生活空間を意味するだけのものにとどまらない。［金石範 1981/2001:11–12］

この文章が書かれたのは一九八一年のことであり、この二〇年以上のあいだに大きく変わった部分と変わらない部分がある。当時、韓国は民主化闘争のなかにあった。現在は映画の世界に顕著にみられるように、その闘争の世代が新しい段階の表現をつくりあげている。ポピュラー・ミュージックの領域でも、日本と韓国をまたいで活躍する人たちもふえてきている。また、韓国語・ハングルは今や日本でもマイナーな言語ではなく、日本人で学習する人たちもふえ、観光やショッピングなどで「韓国ブーム」すら到来しているようでもある。日本はバブル突入と崩壊を経験しつつも、アジア、アフリカ、ラテンアメリカ、東欧などからの出稼ぎ者を中心にして在日外国人は増加し、東京・新宿のような街だけではなく、郊外や地方都市も大きくその風景を変容させている。小説・映画『GO』などにより、「在日」文化および「在日」イメージも変容してきてもいる。

一方で、近年の「拉致疑惑」が喚起してしまったように、日本人の国家像はいまだに根強く単一民族国家幻想に縛られているようでもあり、そうでなくても、国家と国家の関係でなければ、世界を論じられないかのようだ。そのなかで「在日」の問題は根深く等閑されている。また、さきに「在日韓国・朝鮮人」といういい方をしたが、この言葉にもさまざまな問題がある［原尻 1998；鄭 2003］。

「在日」という呼び名以外には、在日韓国・朝鮮人、在日韓国人、在日朝鮮人、在日コリアンなどの略称がある。やっかいなのは、「在日」というと一時滞在の意味として受け取られるきらいがあるということと、日本社会の構成メンバーではないという意味で、「ソトの人」＝「外国人」であると思われてしまうことである。「在日」とは朝鮮半島出身者およびその子孫だが日本に永住する意思のある人々であって、単なる一時滞在の外国人ではない。つまり、「在日」は国籍が日本でなくとも日本社会のメンバーである。［原尻 1998：3］

表1　在日朝鮮人の年度別人口

（単位：人）

年度	人口	増加人口
1896	19	
1897	155	
1904	233	
1905	303	70
1908	459	156
1909	790	331
1911	2,527	1,737
1912	3,171	644
1913	3,635	464
1914	3,542	−93
1915	3,989	447
1916	5,638	1,649
1917	14,501	8,863
1918	22,262	7,761
1919	28,272	6,010
1920	30,175	1,903
1921	35,876	5,701
1922	59,865	23,989
1923	80,617	20,752
1924	120,238	39,621
1925	133,710	13,472
1926	148,503	14,793
1927	175,911	27,408
1928	243,328	67,417
1929	276,031	32,703
1930	298,091	22,060
1931	318,212	20,121
1932	390,543	72,331
1933	466,217	75,674
1934	537,576	71,359
1935	625,678	88,102
1936	690,501	64,823
1937	735,689	45,188
1938	799,865	64,176
1939	961,591	161,726
1940	1,190,444	228,853
1941	1,469,230	278,786
1942	1,625,054	155,824
1943	1,882,456	257,402
1944	1,936,843	54,387

1911年までは「日本帝国統計年鑑」より
1912年以降は内務省警保局調べ

表2　外国人登録による在日朝鮮人数

年	人数	年	人数
1946	647,006	1975	647,156
1947		1976	651,348
1948		1977	656,233
1949		1978	659,025
1950		1979	662,561
1951		1980	664,536
1952	535,065	1981	667,325
1953	556,084	1982	669,854
1954	556,239	1983	674,581
1955	577,682	1984	680,706
1956	575,287	1985	683,313
1957	601,769	1986	677,959
1958	611,085	1987	673,787
1959	619,096	1988	677,140
1960	581,257	1989	681,838
1961	567,452	1990	687,940
1962	569,360	1991	693,050
1963	573,284	1992	688,144
1964	578,545	1993	682,276
1965	583,537	1994	676,793
1966	585,278	1995	666,376
1967	591,345	1996	657,159
1968	598,076	1997	645,373
1969	607,315	1998	638,828
1970	614,202	1999	636,548
1971	622,690	2000	635,269
1972	629,809	2001	632,405
1973	636,346	2002	625,422
1974	643,096	2003	

「出入国管理統計年報」各年版より。各年12月31日現在。
1946年の数字は３月18日現在の帰還希望調査登録数

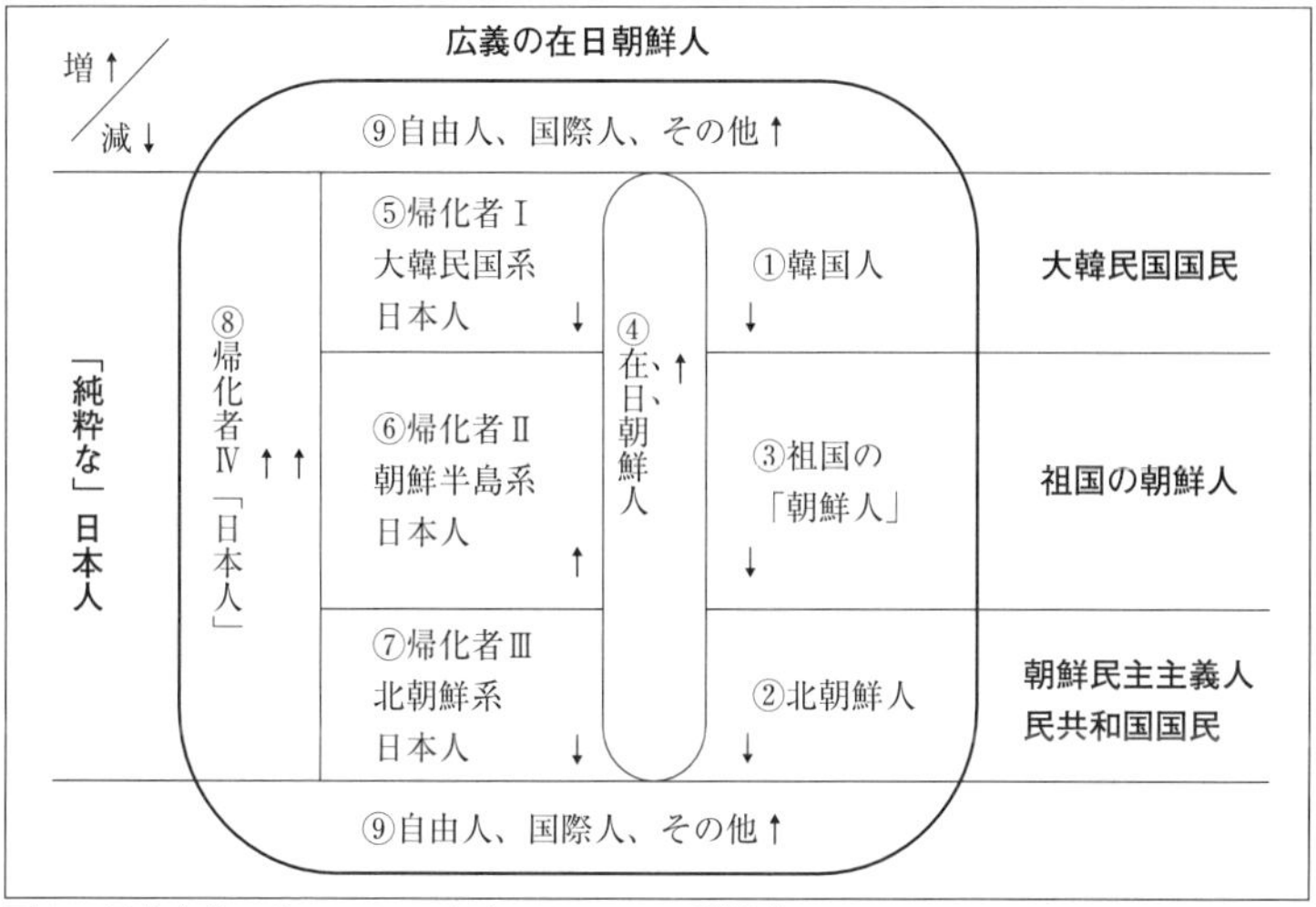

図1　日本定住コリアンのアイデンティティの動態性

出典：原尻英樹『在日朝鮮人の生活世界』弘文堂、1989

戦前からの「チョーセンジン」的な差別意識を思わせるからと、「朝鮮人」ということばが前面から引いていったものの、自ら「朝鮮人」と名乗る人もいる。金が「『在日』とは在日朝鮮人のそれ」といっているのは、こうしたなかで原尻が「在日」の人々すべてをさすという意味で「広義の在日朝鮮人」と定義している存在としてであるととりあえずは解釈しておいていただきたい。

そのため、あえて「在日」という略語を選んだという側面もある。一方で、「在日音楽」といった略語が引き起こす、あらたな構想というべきものを指し示す可能性があるのではないか。外国語化もしているZainichiは、英語に翻訳するとすれば、Korean Residents in Japan〔YONEYAMA 1999〕となるが、「在日音楽」を「在日している（諸）音楽」と読み違える方向である。Musiccal Residents in Japan. ここでは、さきの原尻の記述のなかの「一時滞在の外国人」は「日本社会のメンバー」ではないかのようなニュアンスへの疑問も、また、彼／彼女らが、いつ、どのように「一時」を決定するかということも含めてある。

本章は、試行の途上にあるが、日本と、韓国（大韓民国）あるいは北朝鮮（朝鮮民主主義人民共和国）という、国家間あるいは国民文化間の問題であると同時に、しかし、むしろ「日本」の文化・社会的な歴史と現状について考え、未来を構想するものとなるはずだ。日本において、「朝鮮人」とは、ある時は「階級（プロレタリアート）」であり、「民族」であったし、「在日」は二つ（日本を入れると三つ）のナショナリティにまたがるエスニシティであり、文化的アイデンティティであり、時に日本への「帰化」を要求される、もしくは、希求する存在である。

一方で、音楽にまつわる用語も不安定なものが多い。音楽(学)的な様式(スタイル/フォーム)をあらわす用語の一方で、私たちは安易に国や地域・民族名を「音楽」のうえに冠して使うことが少なくない。美学的なものと社会的なものが混同されて使用されてしまうわけだ。

とはいえ、音楽や文化は境界にとらわれないだけの強度をもったものだけではない。国家の教育・文化政策、経済的条件などに左右されるのもたしかであり、また、そうした拘束を抜け出した「普遍」というものもまた、「文化」という語りの拘束から自由であるわけではない。

また、ある種の様式から取り出してきた思想やあり方を拡大して使うこともある。たとえば、バロック音楽はヨーロッパのある時代の様式だが、ブラジル音楽のなかにもあるし、バロック(的な)精神を日本の歌舞伎のなかにみることもできる。こうした文化の流れや類似は歴史的なものであるが、グローバリゼーションのなかの文化は、かような様態が資本や人々の移動によって、より広範かつ急速に進行する状態のなかにあるということである。

このような不安定な足場のなかで、それでも、なおかつ「在日音楽」という漠然とした言葉・概念・カテゴリーを想像すること。それは、歴史と現在のただなかの、階級・民族・エスニシティ・ジェンダー・言語・音楽スタイルなどが錯綜するアリーナのなかに私たち自身がいることを確認し、その彼方へと向かうことである。

「歌のわかれ」から「替え歌」へ

日韓併合は一九一〇年に強行された。「強制連行」について読み継がれている著作のなかで、朴慶植は、「序」を「帝国主義と民族の問題」とし、併合の年から三八年まで、三九年から四五年までとに区分している[朴 1965/1995]。これは、三九年施行の「国家総動員法」が強いたさまざまな法令による強制連行を明確にする意味をもっている。この朴の著作から三〇年をへた九七年に出版された『在日コリアン百年史』には、一九一〇年以前からの日本への留学生や労働者の動きから、近年の在日社会までが記述されている。

同書のなかで、金賛汀は、労働問題をとおして、マルクス主義、無政府主義などによる一九二〇年代初頭の「日朝連帯の芽」が生まれたが、それは「主に左翼系知識人たちが中心になって唱えられたが、労働の現場で、日・朝の土工たちが連帯するということは、当時はまだ見られず、むしろ、お互いに敵視し、対立抗争することも多かった」[金賛汀 1997:47–49]とする。

この時代に短歌をつくっていた中野重治は「歌のわかれ」をへて、プロレタリアートとして連帯すべき朝鮮人たちに出会う。彼もまた当時の「左翼系知識人」であった。「歌のわかれ」は一九三九年に若き日を振り返った作品のタイトルであるが、叙情的で伝統的な日本の短歌との別れ(訣別)を含意している。彼はそこから「(近代)詩」へ、そして小説へと進んでいくことになる。

西欧モダン・マルクス主義者としてのミハエル・バフチンやヴァルター・ベンヤミンの(相互参照することのできなかった)同時代人としての中野重治論に「替え歌 Changing Song」というタイトルを与えた

ミリアム・シルババーグは、中野の「うた(短歌)＝定型」の否定後も、「うた＝詩」は替えられながら続いていると考えている。彼女はこのように書いている。

一九二〇年代にマルクス主義者でもあった詩人として、中野は、マルクス主義と詩との関係についてのマルクス主義理論がなかったために、自身の政治的かかわりを詩的実践に結びつける助けとなる、詩に関しての正典に頼ることができなかった。しかし、中野が詩を生産しはじめた時期に、マルクス主義の詩の理論にきわめて接近した著作があり、それはより一般的な用語「詩学」にかかわっている。バフチンの論文「生活の言葉と詩の言葉(社会学的詩学に関して)」は、中野の詩の形をとったマルクス主義宣言をマルクス主義の詩の理論に結びつけることに用いることができる。このロシアの理論家は、芸術は「ただちに社会的」である、そして詩人は社会の内部から仕事をする、と論じる。(詩人の芸術は、なんらかの客観的な言語学的方法で分析されるような言語からは成り立っていない、というのは、「詩人は、結局は、辞書からではなくて、言語が価値判断に染まり、それに充たされた、生活という背景から言葉を選びだすからである」)。詩は生み出されたあとで、社会的に動的な言語的領域にとどまり、詩の発話の対象、つまり「主人公」と、聞き手ないしは読者は、解釈と交換という現在進行中の社会的対話に参加し続ける。〔シルババーグ 1990/1998:293-294〕

中野の一九二九年の「雨の降る品川駅」は、日本の「うた」の改編と、「朝鮮」との出会いと対話のはじまりの瞬間の交錯であったというべきだ。

辛よ　さようなら
金よ　さようなら
君らは雨の降る品川駅から乗車する

李よ　さようなら
も一人の李よ　さようなら
君らは君らの父母の国にかえる

君らの国の川はさむい冬に凍る
君らの叛逆する心はわかれの一瞬に凍る

海は夕ぐれのなかに海鳴りの声をたかめる
鳩は雨にぬれて車両の屋根からまいおりる

君らは雨にぬれて君らを追う日本天皇を思い出す
君らは雨にぬれて　髯　眼鏡　猫背の彼を思い出す

（中略）

君らは出発する
君らは去る

さようなら　辛
さようなら　金
さようなら　李
さようなら　女の李

行ってあのかたい　厚い　なめらかな氷をたたきわれ
ながく堰かれていた水をしてほとばしらしめよ
日本プロレタリアートのうしろ盾まえ盾
さようなら
報復の歓喜に泣きわらう日まで［中野 1929/1978:140-143］

この詩は、中野自身によって何度も書き直され、厳しい検閲を受けているため、いくつものヴァージヨンがあり、同時に、そのなかには何が伏字となったかわからないものもある。また、「日本プロレタリアートのうしろ盾まえ盾」という一節は厳しい批判も受け、中野自身も「自民族中心主義的なエゴイズムを認めた」〔シルババーグ 1990/1998:340n35〕。

ちなみに、先のシルババーグが中野との同時性・親近性を論じたバフチンは、のちの韓国民主化闘争のなかで復権した仮面劇などの民衆劇における「民衆的グロテスク」〔梁民基・久保 1981:25〕の文脈のなかへも召喚されてくる思想家だが、こうしたバフチンには、中野の作品としては「品川駅」よりも、「どこからともなく彼らはやってきた／数知れずやって来た」とさまざまな物売りや芸人をあげていく「大道の人々」〔中野 1929/1978:13–17〕のほうが響き合う。

「日本プロレタリアートの」「自民族中心主義的なエゴイズム」は、時代的な制約を含めてとらえなければならない。しかし、「朝鮮」と「朝鮮人」へのなんらかの共感が働いているものの、まだ十全には「朝鮮」と出会えていないというべきかもしれない。

うたの抗争

では、中野の同時代人であり、日本と交流のあった朝鮮人知識人は、どのように「日本語」と「朝鮮人民衆」とたいしていたか。一九二〇〜三〇年代の東京、深川界隈の在日朝鮮人たちから民謡や童謡を収集し、また、朝鮮の詩人たちの作品を日本語に翻訳した金素雲《キム・ソウン》がいる。

マルクス主義者であった中野とは異なる立場にいた、北原白秋、島崎藤村、高村光太郎、藤島武二、棟方志功、三好達治、高橋新吉、河上徹太郎といった人々と親交をもった金が、彼らを驚嘆させたのは、その「日本語」の美しさであったことを考えると、同時代のカリブ海のフランス領マルティニクの詩人エメ・セゼールとフランス・フランス語の関係にも似ている。カリブ海のフランス植民地の「黒人」詩人は、誰よりも美しいフランス語を書くということで驚嘆させたという。

ここでの、金やセゼールのおかれた立場とそこから生み出された言語作品の問題は、後述する「マイナーの文学」やそれによる抵抗の可能性と、一方で同化主義者と化していく、あるいはそのようにとられてしまう方向の両義性のなかにある。事実、戦後、韓国に暮らした金は、心ならずも面罵《めんば》される「親日派」というレッテルに苦しんだともいう。また、政治家となったセゼールは、その作品でネグリチュード(黒人詩)の開祖として、世界中の有色やマイノリティの作家たちだけではなく、梁石日らにもインスピレーションを与える一方、マルティニクの若い世代の独立派からは同化主義者として厳しい批判にもあっている。

ここでは、金の「美しい」日本語訳が生きたものではなく、三三年発表の『朝鮮民謡選』に収録した「朝鮮口伝民謡論」のなかで紹介されている、当時の「『今日の汗』を滲ませた」うたにふれておく。

口の利《き》ける野郎は　監獄に
野良に出る奴《やつ》ア　共同墓地に
餓鬼の一匹も生める女《あま》っちょは　色街《いろまち》に

畚《もっこ》の担《かつ》げる若え野郎は　日本に、
こんで何にもかんにも素《す》っからかんよ
八間新道のアカシア並木　自動車の風に浮かれてる。〔金素雲 1933：201〕

これは「アリラン打令」といわれるもののひとつである。金はこの歌について「創作かと問われそうだが、これでも口伝民謡の鉄則を踏んで民衆が共同でつくり上げた六五調の立派な民謡である」としているが、その口ぶりは、どこか「近代化」で失われたものを惜しむかのような思いが強く滲《にじ》んでいる。しかし、この詩（歌詞）を読んで、以下の「ことわざ」を思い出すのは突飛ではないだろう。

歌は唖《むご》にききやい
道ゃめくらにききやい
理屈ゃつんぼにききやい
丈夫なやちゃいいごっばっかい〔上野 1967：i〕

この「鹿児島俚諺」は、おおむね「歌は喋れない人に習いなさい／道は盲者に尋ねなさい／理屈はろう者に習いなさい／健康なやつは調子のいいことばっかりいうから」といった意味になる。筑豊炭坑の記録作家として知られる上野英信の『地の底の笑い話』の扉に掲げられたことで有名だ。

この二つの「うた」では、反転が連続していく、それぞれの数行とそのあとの「オチ」が、「持たざる者」の状況と思いを端的にあらわしている。

さて、朝鮮と九州。偶然似ているのだろうか。先の中野の「うしろ盾まえ盾」に反発するように、詩人・思想家の谷川雁は六五年に発表した文章に「朝鮮よ、九州の共犯者よ」という題名を与えている。谷川は上野らとともに、九州に拠点をおいた「サークル村」運動でも知られる知識人・文化工作者である。朝鮮「植民二世」の森崎和江、水俣病の存在を知らしめた『苦海浄土』の石牟礼道子らも活動をともにしていた。谷川は、非常に挑発的でポレミックな人物だが、冒頭から「これを、言葉にしていいものかどうか」〔以後、引用は、谷川 1965/1996: 705–708〕とはじまる「朝鮮よ」は、彼の数多くの挑発的な文章のなかでも、深々と危険な、といいたくなる一文である。ここでは、冒頭に述べた一般的な「差別」とは異なる、骨絡みの関係のなかの九州・朝鮮が提出される。古来から朝鮮半島との関係が強い九州、多くの朝鮮人坑夫の近くにいた谷川ならではであるだろう。詳しくはふれないが、谷川自身が「暴論の見本」というこの文章は、しかしながら、ナショナル、ローカル、エスニシティ、クラスが絡みあうものを一気につきだしてくる。そして、彼は最後にひとつのうたを提示する（引用は、評論家・平岡正明による漢字まじりの全文。ルビも）。

雨のショポショポ　降る晩《ばん》に
満鉄の金釦《きんぼたん》のパカヤロが

硝子《からす》の窓から顔出して
上《あか》るの　戻《もと》るの　とうしゅるの
さわるは五十銭《こちしえん》　見るは夕夕
はやく精神　決《ち》めなしゃい
お客さん　此頃《このころ》　紙高い
帳場《ちょうば》のてまえも　あるてしょう
五十銭《こちしえん》　祝儀をはちみなしゃい
そしたら私は　抱《た》いて寝て
二《ふた》ちも三《み》っちもおまけして
鶏《かしわ》の鳴くまでポポしゅるわ［平岡　1989:151–152］

「雨ショポの唄」という、満州の朝鮮人「春婦の哀歌」［たけなか　1986:126］であるが、谷川はこのようにいう。

　この歌を作ったやつはまちがいなく九州の男だ。堕落しはてたそのかみの相互性を嘲笑し、そのくせ余香をたのしんでいる末世の性悪な天才。むしろ眼をひらき土をたたいて哀号とさけびたい。すべてを哀号からはじめたい。

また、「ルポライター」という言葉の生みの親でもある、たけなか・ろう（竹中労）は、文中でふれてはいないが、明らかに谷川の文章を受けて、「雨ショポの唄」の原形として、筑豊・三井田川炭鉱『からめ節』を召喚してくる［たけなか 1986］。「からめ」とは、選炭、つまり、石炭を選り分ける仕事のことで、おもに女性（選炭婦）が従事していた。この「からめ節」が戦後、満州に渡り、「雨ショポの唄」となり、戦後は「炭鉱節」となったのだと、たけなかは記している。また、谷川を受けて、「雨ショポの唄」は、たけなかも平岡も、「遊び人」あるいは「女郎屋の旦那」がつくったのではないかとみている。

平岡は筑豊の「朝鮮人坑夫」から「朝鮮人の遊女」へと渡ったと考えているが、「からめ」に選炭婦という女性労働者が多かったことを考えると、日本人・朝鮮人選炭婦から遊女へというルートもあるのではないかと思う。炭鉱→遊廓、坑道→お座敷、筑豊→満州。そのあいだに、日本人・朝鮮人のさまざまな男女がかかわり、「呪われた官能性」［平岡 1989］を帯びていったうた。

「雨ショポの唄」は、大島渚監督の映画『日本春歌考』（一九六七年）において吉田日出子の歌唱によって特権的な位置を与えられている。在日朝鮮人や韓国ともかかわりの深い大島渚の映画は「『うた』の抗争」［東 2004］とでもいうべき様相を呈しているものが少なくないが、『日本春歌考』のなかでは、労働運動歌、アメリカのフォークなどが歌われるなかでの「雨ショポの唄」によって、プロレタリアートとして概念化されるのでも、牧歌的で素朴に理念化されるのでもない、「民衆」のうめきのようなものを突出させる役割を担っている。

時空を移動しつつ、「詩＝うた」のなかで、おもに階級的存在としての「朝鮮人」がどのように表象されたか、表出してきたか、また、日本人―朝鮮人の交流や交錯の痕跡とでもいうべきうたのいくつかの例をみてきた。「在日朝鮮人文学」という用語は以前から流通しており、先に引いたような「『在日』の思想」という思索もおこなわれてきた。文学と音楽は、共通する部分と異なる部分があるが、参照してみる必要はあるだろう。

本章冒頭に引いた梁石日は、同じ講演で「在日朝鮮人文学とは、一言でいいますと、在日朝鮮人・韓国人が日本語によって小説や詩を書いている文学であるということです」[梁石日 1990:19]とはじめに簡潔な定義をおこなっている。「在日朝鮮人文学」の特質は、ドゥルーズ／ガタリがいう「マイナーの文学」と重なるものがある。「マイナーの文学」は、チェコ語を母語とするユダヤ人であるフランツ・カフカがドイツ語で書くことについての思考から導き出されてきたものだ。「マイナーの文学はマイナーの言語による文学ではなく、少数民族が広く使われている言語を用いて創造する文学である」[ドゥルーズ／ガタリ 1975/1978:27]とし、その特徴として三点をあげている。(1)言語があらゆる仕方で非領域化の強力な要因の影響を受けている。(2)すべてが政治的である。(3)すべてが集団的である。

(1)は、ドイツのなかではチェコ語で書けず、ドイツ語で書いてもチェコ語で書くようには書けないといった意味である。(2)は「その小さすぎる空間は、ひとつひとつの個人的な事件が直接的に政治に結びついている」[同:28]ということである。(3)は、(1)、(2)から導き出される作家たちのおかれた状況を反映しているといってもいい。

もちろん、「在日」の場合は、朝鮮語で書くよりも、日本語で書くほうが堪能である場合もあるだろうし、世代が下がってくると、日本語しかできない場合もある。この状況は、アメリカ合衆国のなかで、本来はスペイン語話者であるはずの「ラティーノ」というエスニックなカテゴリーにおける文化とはどういうものかという近年の問いにも似ている。また、「在日」というエスニックな出自にはとらわれないという個人や世代がいるのも現実だろう。

しかし、その前に「在日朝鮮人文学」や「マイナー文学」を、音楽の領域に重ねてみると、いろいろな音楽のなかの多様性においても、日本歌謡・芸能界のなかで通名を名乗って活動している「在日」と彼らが発し、一部のオーディエンスが受け止める「シークレット・メッセージ」の関係に近いように思う。ノンフィクション・ライターの野村進はこのようにいう。

韓国・朝鮮系の著名人が発するシークレット・メッセージを、あるときは敏感に察知し、あるときは拡大解釈して受け取り、そのようにして各々の人生や現実の生活を重ね合わせ、生きるよすがにしてきたところが、韓国・朝鮮系の人々にはあるのだ。［野村進 1996/1999：23］

ドゥルーズ／ガタリがいう「マイナー文学」に定義的には似ているものの、明確に「在日朝鮮人文学」を名乗る「文学」よりも、名乗らないもしくは名乗れないことで、多くのオーディエンスを獲得する「（ポピュラー）音楽」のほうが、効果としてははるかに大きいのである。文学と、音楽あるいはポピュラーカルチャーが異なる一面でもある。

これはまた、ポピュラー音楽の受容のされ方の多様性・意外性をも示している。エスニック・グループのなかの「シークレット・メッセージ」だけではなく、オーディエンスは、パフォーマーのもっている属性や行為のなにものかに感応するからだ。また、「在日」の芸能民化とでもいうべきものについて考えてみる必要もあるだろう。

さて、「韓国ブーム」のなか、「雨ショポの唄」は過去のものなのだろうか。北朝鮮との関係が悪化していく一途の一方で、日韓の関係はたしかに急速に近づいてきているようではある。しかし、私は現在の日本のメディア文化やストリートで「雨ショポの唄」を想起してしまう。マスメディアの芸能には、韓国からの女性タレントが溢《あふ》れ、まるで「雨ショポの唄」のような口調で喋っているではないか。それはたんに口調が似ているということにとどまらない。背負わされている役割が、本質的には変わっていないのではないかと思うのだ。悪所にいけば、片言の日本語を喋る世界各地の女性たちに出会うだろう。従属する女性を、日本人男性は今でも求めているかのようだ。メディア文化をそのようにみること、あるいは、巷《ちまた》で不断に生まれているに違いない、この時代の「雨ショポの唄」に感応し耳を澄ますことも音楽批評の務めである。

(諸)音楽が「在日」する——多文化公共圏への構想力

路上をメディアとしてみるということ。新大久保、横浜・鶴見区潮田地区、小田急線町田以西……。東京近郊でも、こうした街はすでにマルチカルチュラル／マルチエスニックな状況となっている。「在日」を中心に、「一時滞在」のニューカマーが溢れ、韓国・中国、フィリピンなどの東南アジア系、ブラジル、コロンビア、ペルーなどのラテンアメリカ系だけではなく、歌舞伎町ではアフリカ系男性、新大久保界隈では東欧系女性を見かけることも増えてきた。

在日外国人が多く居住し、あるいは集う街にいけば、必ず食材店があり、CDや雑誌、ビデオなども入手できる。「一時滞在」者がもっている可能性とは、「自分たちの文化」の情報・商品を、日本の主流の流通とは異なる経路でいれてくることにあるといってもいい。「自分たちの文化」として、食と音楽が大切にされることを私は非常に興味深く考えている［東 2003b:309–314］。

また、彼/彼女らが、そのままにいながら、私たちと交渉してくれるか、または永住してくれるかは、彼/彼女らの決めることではあるが、いうまでもなく、日本・日本人の責任である。

私たちの社会・文化は、マスメディアや国民文化といわれる大きなものだけではなく、それらと、マイノリティの文化表現、インディペンデントであることを選択する文化労働者たちの生産活動、また、今、述べてきたような路上の商業や文化が、さまざまな相互作用や関係性をもって、境界線を編み直し不断に動きつづけながら成り立っているのである。私は一九九九年に以下のような文章を書いている。

いわゆる「第三世界」とよばれる国・地域、アメリカ合衆国、イギリス、フランスなどのエスニック・マイノリティのミュージシャンや音楽関係者たちと話をすると、彼らの「知識人性」とでもいうべきものに少なからぬ感銘を覚えることが少なくない。もちろん、全てが全てという訳ではないし、とても寡黙な人も少なくはない。しかし、それぞれが暮らし活動する場所や状況の違いはあるものの、「現場」で経験される「現場性」とそれに対していく姿勢や思考・試行には一定の共通性を見てとることができるように感じる。もちろん、具体的にはその複数の「現場」内、あるいは「現場」間には、感情的であったり利害が絡む対立や衝突がないわけではないが、やはり、そこには「世界同時性」が存在している。(中略)

彼／彼女らの多くは、自分の出てきた場所、帰るべき場所、自分達の音楽を届けるべき／共有している相手・人々、自らの作るべき音楽の質、その音楽が代理−表象するものの政治性、また、その音楽を伝えるべき方法(メディア、流通、インターネットのホームページ作成)などを非常によく考えており、それが彼らにとっての「公共性」となる。彼らの背後にある可視の共同体であることもあるし、音楽が異なる場所で様々な形態で聴取されることによって成立する可能性が生まれてくる不可視の「公共性」であることもあるだろう。[東 2003a:28]

ここでいう「知識人性」とは、エドワード・サイードのいう、「アマチュア」としての「知識人」[サイード 1994/1995]を念頭においている。また、李静和の議論[李+鵜飼 1999]に触発された「現場性」や「同時性」とは、ナショナルなものとグローバルなもの(制度・資本・イメージ)が共犯しつつ展開する、支配的な文化や資本の領域化・脱領域化の絶えざる繰り返しのなかで、どのように「自分(たち)」の場や文化を構築していくかということであるといってもいい。

こうした人たちは、日本においても陸続と登場している。彼／彼女らを、私が勝手に「在日音楽」というカテゴリーにいれることをしてはならないが、少なくとも「知識人」としてのミュージシャンであるとはいわなければならない。

私が本稿を作成することになった遠い動機のひとつには、阪神淡路大震災に際しての音楽家の活動とその周辺の取材があった。具体的には、ソウル・フラワー・ユニオン／ソウル・フラワー・モノノケ・サミットや朴保《パク・ポオ》といった人たちである。ロック・バンドだった「ユニオン」が、電気の通じないところでの機動力とさまざまなオーディエンスに対応できるように、アコースティック編成でちんどんなどの楽器にもちかえたのが「サミット」である。ソウル・フラワーはメンバーのなかに「在日」はいないが、在日のオモニの要求に応え、「アリラン」や「トラジ」をチャンゴ（朝鮮半島の打楽器）をも交えて演奏するようになる。「在日」を中心にしたマルチエスニックな労働者・自営業者の街であった神戸の長田にも彼らは「介入」し、そこで「満月の夕」を生み、長田のコミュニティも「FMわぃわぃ」のようなメディアを生み出していく。

近年「満月の夕」をカヴァーしている一人沢知恵は、日本人牧師と韓国人女性のあいだに生まれた女性歌手。日本の植民地政策が朝鮮半島にどのようなことをしてきたかを知った若き牧師は、日韓の架け橋にならんと韓国に渡る。そこで彼が出会って恋に落ちた女性が、偶然、金素雲の娘であり、沢は金素雲の孫でもある。韓国に永住する決意だった沢牧師一家は、激化する民主化運動にも身を投じ、韓国から国外追放されてしまう。その後、アメリカ合衆国、日本で育った沢知恵はさまざまな歌をうたう歌手になる。そのなかには、日本語の歌も、アフリカン・アメリカンのゴスペルもある。そして、祖父・金素雲が訳した金東鳴の詩に自らが曲をつけたものもある。そして、日本国籍の歌手として、戦後はじめて公式に韓国で歌う。「韓国語でうたったあと、日本に帰って同じうたを日本語で歌い直してみると、表現力が以前よりも豊かになっていた」〔沢 2002:11〕と彼女は記し、自らの近年の変化をこのようにいう。
もしかすると、うたう言語の問題ではなく、私にとってリアリティーのあることば、すなわち生活、人生、生命すべてをひっくるめた「生」に根ざしたことばでうたうときに、人の心を動かすことができるのではないか。問われるのはことばに宿るエネルギーのようなものではないかと。〔沢 2002:15〕

沢は反戦の姿勢も明確にあらわしているが、筆者たちとともに、国旗・国歌法案の成立にたいしての音楽家・音楽関係者による抗議のアピールを作成した作曲家・ピアニストの港大尋は、在日アフリカ人もメンバーにいるバンド「ソシエテ・コントル・レタ（国家に抗する社会）」を率いて、在日の詩人・金時鐘のポエトリー・リーディングとの共演をおこなったりもしている。

趙博《チョウ・パク》は、「在日関西人」〔趙 2003〕を名乗っている。「君が代」をいろいろなスタイルでうたったことでも有名だ。シンガーソングライターでもあり、教師でもある彼は、数多くのライヴやCDで活動しているが、その主張は、音楽に限らず、著書でも数々の問題に提起をおこなっており、まさにサイード的な意味での「知識人」というべきだろう。

一方で、「アカデミック」な知識人＝社会学者である鄭暎恵は、一九九三年から二〇〇二年までの論文を集めた著作の「はじまりのための、あとがき」をこのように謳《うた》うように結んでいる。

〈民が代〉斉唱。
謳いこんでいくほど、幾重もの和音となって、斉唱を越えていくだろう。

図２　沢　知恵『一期一会』(cosmos records/CMCA 4001～２) 金素雲訳の「こころ」、美空ひばりの反戦歌「一本の鉛筆」などを収録している。

図３　ソシエテ・コントル・レタ avec 金時鐘『風は海の深い溜息から洩れる』(mint music/OOZE-0017)　港大尋のソシエテ・コントル・レタとポエトリー・リーディング。

図４　早坂沙知『カーサ・ミンガ』(TZADIK/TZ-7244)　在日セネガル人ミュージシャンを交えた「在日音楽」。タイトルは家ごと移動する南米チリの風習からとられている。

パンドラの箱を開けるように、何が飛び出すか、わからない。
でも、その合唱《ハーモニー》を味わってみたい。
それはきっと台風一過の空にかかる虹のように、果てしなく広がっていくことだろう。
新たな希望は、そこから始まる。[鄭 2003:301]

いまだに根強い単一民族国家幻想(や中流幻想)や国民国家のみを基盤にした思考法は、日本人自身をも不自由な存在としている。一見、確固とした国土・民族・言語に拘束された「日本・日本人」は、内側に「在日」をはじめとした存在を抱え、外でももちろんさまざまな異文化とたいしているが、それだけではなく「日系」とも連続/断絶している。在日 Zainichi が思想化されると同時に外国語化されるのと同じように、日系 Nikkei もまた等閑された漠然とした存在であるがゆえに、鋭く思想化されつつある。在日が現在さまざまに揺れているように、「日系」もまたその意味を問われているからだ。

サンフランシスコ周辺の若い日系人たちが展開しているのが、No-sei ネットワークといわれるものである。他のエスニック集団との交流や婚姻も進み、一～四世といった「日系」の世代区分ではすでにアイデンティティを語ることができなくなっている(「ノー世」)ということだ。このことを教えてくれたのは、アート・ヒラハラというピアニストだが、彼はその活動や自身の音楽活動以外に、エイジアン・クライシスというバンドでも活動している。これは、アジア各地出身者および、チャンゴをはじめとしたアジア各地にルーツをもつ音楽・楽器の集合体である[東 2003b:218-223]。アメリカならでは、ではない。日本でもこうした試みは、地道ではあるがいくつもおこなわれている。

南北分断に加えて、コリアン・ディアスポラとでもいうべき状態は、「在日」だけではない、さまざまな「コリアン」を生んでいる。さまざまな規模と質の、そう呼べないようなものも含めて、国境の内外にさまざまな「公共圏」が折り重なるように存在している。「在日音楽」とは、そうした不可視の公共圏のひとつの名づけの試みであり、いうまでもなく、商業的・ジャンル的なカテゴリーではない。不可視の壁を乗り越えるためには、あえて、その壁を強く認識することも必要であると考えての名づけである。

本章では、言語的あるいは政治的で直接的なメッセージにかんするものが中心となり、朝鮮半島の音楽文化のもつ多様性などにはふれることができなかった。グローバリゼーションのもとの文化・経済的なシンボル闘争のなかで、音楽においては、音楽文化的な形態・質の選択自体が「運動」となると私は考えているが、これについては別稿を設けなければならない。

参考文献

＊初版発行年／再版発行年とし、翻訳書は原著発行年／翻訳発行年とした。
＊著者名の朝鮮・韓国語カタカナ・ひらかな表記は、表紙あるいは奥付に表記があるもののみ記した。
安宇植編訳『[増補]アリラン峠の旅人たち――聞き書 朝鮮民衆の世界』平凡社ライブラリー版 一九九四年
上野英信『地の底の笑い話』岩波新書 一九六七年
上村幸生『韓国音楽探検』音楽之友社 一九九八年
金史良(キムサリャン)『光の中に』(講談社文芸文庫) 講談社 一九九九年

金時鐘（キム・シジョン）『集成詩集――原野の詩一九五五～一九八八』立風書房　一九九一年
金素雲（きむそうん）（訳編）『朝鮮詩集』岩波文庫　一九五四／一九八二年
金素雲訳編『朝鮮民謡選』岩波文庫　一九三三／一九七二／一九九三年
金石範（キムソクポム）『新編「在日」の思想』（講談社文芸文庫）講談社　一九八一／二〇〇一年
金賛汀（キムチャンジョン）『在日コリアン百年史』三五館　一九九七年
川村湊『韓国・朝鮮・在日を読む』インパクト出版会　二〇〇三年
姜信子『日韓音楽ノート』岩波新書　一九九八年
エドワード・サイード／大橋洋一『知識人とは何か』平凡社　一九九四／一九九五年
沢知恵「音楽はもうひとつの言語」（岩波書店編集部編『世界がステージ！――国境を越えて仕事をするということ』〈岩波ジュニア新書〉岩波書店　二〇〇二年）
ミリアム・シルババーグ、林淑美・林淑姫・佐復秀樹訳『中野重治とモダン・マルクス主義』平凡社　一九九〇／一九九八年
杉原達『越境する民――近代大阪の朝鮮人史研究』新幹社　一九九八年
たけなか・ろう「真説・炭坑節　上」（『にっぽん情歌行』ミュージックマガジン社　一九八六年）
谷川雁「朝鮮よ、九州の共犯者よ」（『谷川雁の仕事1』河出書房新社　一九六五／一九九六年）
趙博（チョウ・パク）『ぼくは在日関西人――歌う浪速の巨人・パギやん奮戦記』解放出版　二〇〇三年
鄭暎恵（チョン・ヨンヘ）『〈民が代〉斉唱――アイデンティティ・国民国家・ジェンダー』岩波書店　二〇〇三年
DeMusik Inter. 編『音の力――ストリートをとりもどせ』インパクト出版会　二〇〇二年
テレサ・ハッキョン・チャ、池内靖子訳『ディクテ――韓国系アメリカ人女性アーティストによる自伝的エクリチュール』青土社　一九八二／二〇〇三年

ジル・ドゥルーズ／フェリックス・ガタリ、宇波彰他訳『カフカ』法政大学出版局　一九七五／一九七八年
中野重治「雨の降る品川駅」（『中野重治詩集』岩波文庫　一九二九／一九七八年）
中野重治「歌のわかれ」（『村の家　おじさんの話　歌のわかれ』講談社文芸文庫　講談社　一九三九／一九九四年）
中原中也「朝鮮女」（大岡昇平編『中原中也詩集』岩波文庫　一九八一年）
野村伸一『巫（かんなぎ）と芸能者のアジア』中公新書　一九九五年
野村進『コリアン世界の旅』（講談社＋α文庫版）講談社　一九九六／一九九九年
朴慶植（ぱくきょんしく）『朝鮮人強制連行の記録』未来社　一九六五／一九九五年
原尻秀樹『「在日」としてのコリアン』講談社現代新書　一九九八年
原尻秀樹『コリアンタウンの民俗誌』ちくま新書　二〇〇〇年
東琢磨編『ソウル・フラワー・ユニオン――国境を動揺させるロックン・ロール』ブルース・インターアクションズ　一九九七年
東琢磨『ラテン・ミュージックという「力」――複数のアメリカ・音の現場から』音楽之友社　二〇〇三年［2003a］
東琢磨『全―世界音楽論――Coming Community Musics』青土社　二〇〇三年［2003b］
東琢磨『違和感受装置――クロニクル一九九六〜二〇〇三』冬弓舎　二〇〇四年［2004］
平岡正明『大歌謡論』筑摩書房　一九八九年
三橋一夫『禁歌の生態学――練鑑ブルース考』音楽之友社　一九八三年
宮塚利雄『アリランの誕生――歌に刻まれた朝鮮民族の魂』創知社　一九九五年
梁石日（ヤン・ソギル）『アジア的身体』青峰社　一九九〇年
梁泰昊（ヤンテホ）『在日韓国・朝鮮人読本』緑風書房　一九九六年

梁民基、久保覚編『仮面劇とマダン劇』晶文社　一九八一年
李静和、鵜飼哲「求めの政治学――東アジアの近代と現在をめぐって」（『思想』岩波書店　一九九九年一月号）
YONEYAMA, Lisa, *Hiroshima Traces: Time, Space, and the Dialectics of Memory*, California University Press, 1999.

参考ホームページ

ＨＰ「コリア・在日・日本」連続セミナー二〇〇二〜二〇〇三　Cut and Mix　切ってつなげる試みに向けて
http://www.ymcajapan.org/ayc/jp/cutandmix/Cut_and_Mix.htm
http://www.ymcajapan.org/ayc/jp/cutandmix/Cut_and_Mix_Report10.htm
＊ライターの志田歩、宋安鐘（在日三世、金沢大学法学部助教授、日韓外交史）による応答
ＦＭわぃわぃ（神戸・長田、コミュニティ／インターネットＦＭ）
http://www.tcc117.org/fmy/

追記　「在日音楽」に関しての模索は新たな段階に入っている。宋安鍾、洪貴義、東らを中心に「在日音楽研究会」も発足した。遅くとも、二〇〇九年までに集団的研究の模索の成果をまとめる予定でいる。また、宋安鍾による以下の論考も発表され、歴史的な検証にも大きな寄与がなされている。参照されたい。

宋安鍾「「失郷民」のうたが聴こえる――「さくらの唄」、異論のためのノート」DeMusik Inter. 編『音の力〈ストリート〉復興編』インパクト出版会　二〇〇四年
宋安鍾「ふたたび「他郷ぐらし」のうたから」DeMusik Inter. 編『音の力――沖縄アジア臨界編』インパクト出版会　二〇〇六年

第八章　日吉昭彦

ベトナム系住民とディアスポリック・メディア消費

越僑社会の文化交通とポピュラー音楽

海外ベトナム系メディアの交通と越僑社会

二〇〇三年四月、海外に移住したベトナム系のジャーナリストやメディア制作者が集う第一回「海外ベトナム系メディア会議」が、アメリカ・カリフォルニアの「リトルサイゴン」で開催された。世界各地のベトナム語メディア関係者が交流の機会をもつという目的で開かれたものである。

ベトナム戦争が終結をむかえる一九七五年から、急速な共産化を恐れた多数のベトナム人が母国を脱出して難民となり、世界に離散する現象がみられた。海外で生活するベトナム系住民の数は現在、約二〇〇万人ともいわれている。世界各地に離散した人たちは、華僑ならぬ越僑と呼ばれており、各地で大小さまざまなコミュニティを形成している。点在する越僑コミュニティには、各コミュニティを基盤としたベトナム語のメディアがある。「海外ベトナム系メディア会議」は、このようなメディアの関係者が国境を越えて集うという、はじめての試みであった。

開催にあたって「ベトナム系ジャーナリスト協会」が組織されたが、登録したメディアの数はおよそ一二〇にのぼる。その大半は世界の越僑の半数が暮らしているアメリカのメディアであるが、カナダやオーストラリア、また東欧のメディアなども登録している。このなかのひとつには、日本で制作されているベトナム語のメディアも含まれている。東京の品川でベトナム系住民向けのコミュニティ・ショップを経営し、ベトナム語の雑誌『月刊メコン通信』(二〇〇六年現在休刊中)を発行している在日ベトナム人の編集者がこの会議に参加した。

参加した在日ベトナム人編集者によると、会議といっても講演があった以外は親睦会の雰囲気であったという。しかし、この出来事からわかるのは、世界各地の越僑コミュニティ・メディア相互のつながりによってトランスナショナルに結ばれる越僑社会の存在である。難民として故郷を離れた者同士、同胞の動静は、国境を越えた関心事であり、各地のコミュニティのニュースがメディアをとおして越僑社会に伝えられている。たとえば、『月刊メコン通信』は、この会議の模様を誌面で大きく取り上げている(二〇〇三年六月、第九六号)が、これはベトナム語のメディアを通じて、日本も越僑社会の文化交通圏の一部になっているということを示している。

社会主義体制をもつベトナム社会と越僑社会は、政治意識のうえでは対立関係にあるため、リトルサイゴンのような巨大コミュニティは、生活の拠点であると同時に反共意識の拠点でもある。こうした社会意識は越僑社会全般を貫くものでもあるし、政治意識を基盤に成立しているメディアもある。言論活動だけでなく、ときには文化表象にも政治的な意識が立ちあらわれている場合も少なくない。とくに一九七〇年代後半からの一〇年間は、難民として海外に渡ったベトナム系住民は、祖国への帰国も許されず、手紙や送金などの交通があった以外、二つの社会は事実上、分断していた。越僑のメディア文化はこうした分断のなかで生まれたものでもあった。

一方、近年では、一九八〇年代後半に始まったベトナムの政治経済的な自由化政策であるドイモイ（刷新）政策のもと、越僑のベトナム入国が実現し、さらに九〇年代後半からは越僑資本の取込みも活性化してきている。人や資本の流れの変化のなかで、越僑のメディア文化やその文化交通のあり方も変化しており、いわばディアスポリック・ベトナム文化圏とでも呼べるような、国や地域を越えて越境的なつながりを持ち合わせる文化圏がつくられてきている。ディアスポラとは離散という意味で、祖国から離れて生活する人々をさすことばである。祖国を離れて独自の文化をつくりだしてきた越僑のメディアを、ディアスポリック・メディアとここでは称しておきたい。それはメディア文化の交差空間としての、あらたなベトナム文化圏といえよう。

本章は、ディアスポリック・メディアがつくりだしてきたポピュラー文化、とくにその国境を越えた文化交通のあり方やメディア文化表現の実践・消費について、ポピュラー音楽を中心におもに日本の事例から考えていきたい。以下ではまず、越僑のさまざまな文化活動表現のなかでも、もっとも成功したもののひとつと考えられているアメリカにおける越僑のポピュラー音楽文化の発展について紹介し、つぎに在日ベトナム系住民のメディア表現や文化実践について考察していく。

アメリカから広まる越僑のポピュラー音楽文化

サンノゼのベトナム系住民の音楽活動を、一九八〇年代からフィールドワークしているラルは、ベトナム系コミュニティの形成とともに、広告や販売、演奏、会場などすべてコミュニティ内の文化資本を用いる小規模な音楽産業が形成されていく過程に着目し、ベトナム系住民の音楽活動がコミュニティに閉じた文化であること、つまり一種のクラブ・カルチャーであることを論じている[Lull 1992]。しかし、越僑のポピュラー音楽表現はそのころからすでにトランスナショナルな展開を始めていた。カニンガムが論じたように、こうして形成されたアメリカの越僑の音楽産業は、一九八〇年代から低予算のビデオ制作などを通じて、フランスやオーストラリア、カナダなどのベトナム系住民の音楽ファンたちに、娯楽の提供をしてきたのである[Cunningham 2001:177–194]。

アメリカの越僑コミュニティのポピュラー音楽産業の規模が大きくなり、国境を越えた文化交通へと発展する契機となったのは、越僑コミュニティの社会運動の盛上りである。一九八〇年代中盤のカリフォルニアの越僑コミュニティでは、ボートピープルの救援や共産政権打破などをスローガンに掲げた、社会運動がおこなわれるようになっていた。集会では集客のためにポピュラー音楽が用いられていた。共通体験である故郷の喪失をテーマにしたポピュラー音楽は、ベトナム系住民の情動的な側面に訴えかけ、故郷を懐かしみたいという想いとともに人々は集った。ラルは、こうした社会運動の場において音楽が政治目的に用いられていること、つまり反共をテーマにした音楽が流れていることを報告している[Lull 1992:225–227]。また、ハイは、こうした社会運動の発揚の場である大集会をきっかけに、多くの聴衆に向けたコンサートが開催されるようになったと述べている[Hai 2001]。

ハイによれば、越僑コミュニティにおいて小規模な音楽産業が形成され始めた一九七五年から八〇年代初頭にかけて、失った故郷の思い出を呼び起こすような「サイゴンへのノスタルジア」や、反共や闘争などのメッセージをこめた「新しいレジスタンス」などのテーマによる楽曲が作曲されたという[Hai 2001]。たとえば、その代表的な音楽家・歌手のヴィエト・ユン(図1)は「失われたメロディー」などの楽曲を作曲している。社会運動の盛上りのなかで、旧サイゴンで活躍していた歌手が活動の場をえると「戦前の音楽の復活」がみられるようになった。一九六〇年代終盤からベトナムで歌による反戦運動をおこなって国民的歌手となり、サイゴン陥落後には難民としてアメリカに渡って活躍する歌手カン・リーはその代表である[角 1996]。また、反共や闘争のテーマに加え、愛やロマンスを含めた多様なテーマの音楽制作をめざす、新世代の作家の運動「興歌(Hung Ca)」ムーブメントが起こった。社会運動は、歌手や音楽家たちに活動の場を提供することで、越僑独自の文化の生成に一役かったともいえよう。

こうしてより多くの聞き手をえるようになった越僑のポピュラー音楽には、移民先で生まれ育った二世たちをおもな対象とする欧米のポピュラー音楽の影響のもとにつくられた楽曲や、香港や台湾、日本のカバー曲など、多様な越僑コミュニティの成員に向けた音楽がみられるようになった。一方、一九九〇年代にはベトナムで活躍する音楽家の移民が活発になるなど、越僑コミュニティの音楽産業の作り手の多様化もみられるようになった。社会運動とは連動しないショー形式のコンサートも開かれるようになり、その模様はビデオに収録され、世界各地の越僑コミュニティで販売されるようになった。

トゥイ・ガ(Thuy Nga)は、前述のような背景で、一九九〇年代から商業的に台頭してきた音楽プロダクションである。七〇以上ものシリーズをもつ「パリ・バイ・ナイト(Paris By Night)」と題されたコンサートビデオを主力商品に、カセットやCDなどパッケージ・メディア制作や、出版(図2)などをおこなうメディア企業に成長した。「パリ・バイ・ナイト」のようなエンターテイメント作品は、政治的なイデオロギーの発揚の場ではない。ビデオにおさめられているコンサートも社会運動の場として企画されたものではなく、独自の企画で人々に娯楽を提供するものである。トゥイ・ガによるとCDの売上げは二万枚で成功、また一〇人程の社員がいる程度と、その企業規模は小さなものであるが、フランスやカナダ、オーストラリアにも拠点をもち、販売代理店は世界の越僑コミュニティに広がっており、多数の越僑の有名歌手が所属している。

早崎聡は、トゥイ・ガのオーナーにインタビューしているが、「海外、国内を問わず、すべてのベトナム人が『パリ・バイ・ナイト』を見ているといっても過言じゃない。ある世論調査では、約三〇〇〇万人が見たという結果がでている」と語ったという[早崎 1999b]。この場合の国内とは、越僑社会ではなくベトナムのことである。ベトナム国内では、越僑のメディアは公式には販売できないし、前述の政治運動を背景とした音楽やニャック・ヴァン(黄色の音楽)と呼ばれる一九七五年以前のサイゴンで流行していた音楽など、越僑のあいだでは聞かれている音楽の一部は、現在でも演奏することを禁止されている。しかし、エンターテイメントとして多様化した越僑の音楽は、ベトナム国内の市場にも流入していたのであった。ベトナムと越僑社会の文化交通は、越僑の帰国などによりさらに進展していった。

図1　ヴィエト・ユン『ベスト1975〜1995』カン・リーなどとのオムニバスCD。

図2　トゥイ・ガ社発行の雑誌『文芸』表紙は歌手のニュ・クイン。

一九九〇年代終盤以降、経済発展の著しいベトナムの、とくに都市部では、音楽カフェブーム［神月2001：124–125］が起こるなど、消費文化としてのポピュラー音楽文化が広まっている。こうしたなかで、ベトナム国内でもロックやヒップホップのような音楽が演奏されるようになるなど、越僑の音楽同様に多様化がみられるようになった。このころから越僑の音楽コンテンツにベトナム国内のヒット曲が用いられる例がみられ始めている。これは流通力を増し多様化するベトナム国内の音楽文化が、越僑の音楽家や消費者に大きな影響を与えていることを示している。ハイは、一九九七年ころから越僑とベトナムに住まう人たちとのポピュラー音楽をとおした交流がおこなわれるようになったという［Hai 2001］。越僑の音楽家の帰国公演が可能になったり、なかには活動拠点をベトナム国内に移す者もみられてきた。人の移動の実現のなかで、越僑の音楽ビデオのなかには、ベトナムロケによる実際のベトナムの風景を用いる例もみられている。

故郷の変化が故郷を想う心と出会うなかで、ポピュラー音楽文化は、越僑社会とその対抗の対象であったベトナム社会とをつなぐようになっている。

在日ベトナム系住民のコミュニティとポピュラー音楽実践

越僑のメディア文化の産業と制作の中心は、巨大なコミュニティ・タウンをもつアメリカであり、その他の地域は基本的にはその受け手になっている。一万人におよぶとはいえ、コミュニティ・タウンのようなものを持ち合わせない、比較的小さなコミュニティである日本のベトナム系住民の場合も同様である。越僑社会の一ローカルとして、メディア文化の消費の場となっている。ローカルで発行されているメディアをとおして、新譜の販売情報などが伝えられ、在日ベトナム人のコミュニティ・ショップなどで、CDやカラオケなどのパッケージ・メディアが消費されているのが現状である。

むろん、在日ベトナム人コミュニティでは、さまざまなイベントがベトナムの旧正月の時期などに企画され、ベトナム系住民によるポピュラー音楽の実践もみられている。こうしたイベントを企画するものに、「日本在住ベトナム人協会」のような反共系組織や、もともと仏教系の組織であった「かながわベトナム親善協会」、カトリック系の組織である「在日ベトナム人カトリック共同体」などの組織がある〔川上 2001:134–138;戸田 2001:94–107〕。こうした組織は自前のベトナム語によるメディアを持ち合わせている。「日本在住ベトナム人協会」は『月刊協会』という雑誌を、「かながわベトナム親善協会」は『親善ニュース』というニューズレターを、「在日ベトナム人カトリック共同体」は『祈りの言葉に忠実に』という月刊のフリーペーパーを発行している〔日吉 2000〕。こうしたメディアには在日ベトナム人が集まるイベントの告知などがしばしば掲載されている。

日本のベトナム系住民は、難民の定住促進のための施設などがあった神奈川県や兵庫県などでは比較的に集住している傾向がみられるものの、難民受入れから二〇年近く経過するなかで、全国に点在して生活するようになった。日本のベトナム系コミュニティに帰属する意識は、こうした組織やメディアによって形成・維持されている。

イベントでは、ベトナム系住民による伝統的なベトナムの舞が披露されたり、ベトナム語ポピュラー音楽のカラオケ大会が開かれたりするのが恒例である。反共系組織が起こす旧正月のイベントなどでは、現在も旧政権の旗が掲揚されるなど、社会運動的な色合いはあるが、むしろ多くの参加者は、同胞との出会いの機会として利用し、カラオケを楽しむ場として集っているようである。

また「難民事業本部」のような受入れホスト社会側が開くイベントもある。毎年開催されている「インドシナ難民とのつどい」は、定住促進のための機関「国際救援センター」がある東京・品川の区民会館ホールで開催され、在日ベトナム系住民がステージに立つ。支援関係者など日本人の観客も多いイベントである。ステージで政治活動はおこなうことはないが、黄色の衣装に赤の帯をまとった子供の舞は、旧政権の旗をイメージさせるものでもある。

このように日本でもベトナム系住民の政治意識や故郷、そして同胞を想う心が反映したポピュラー音楽の実践活動がみられている。

ベトナム系住民のために、ベトナム料理のための食材の販売のほか、トゥイ・ガなど代表的な越僑の文化産業の正規販売代理店として、越僑のポピュラー音楽CDやビデオ、書籍などを扱っているコミュニティ・ショップもある。東京・品川にある「メコンセンター」である。組織ではなく個人が営業している店舗であるが、一九八五年から越僑のメディアの輸入販売をおこない、ベトナム系住民に越僑のポピュラー音楽文化を広めてきた。『月刊メコン通信』という雑誌を発行し、近年では二度、越僑の歌手を招聘《しょうへい》したコンサート・イベントを企画している。このイベントは、日本のベトナム系コミュニティと越僑社会との、国境を越えたつながりを示すものであった。そこでつぎにこのイベントを中心に、日本を交通する越僑のポピュラー音楽文化について考察してみたい。

『月刊メコン通信』とポピュラー音楽イベント

『月刊メコン通信』は発行部数が約一〇〇〇部とベトナム語によって書かれたメディアのなかではもっとも多く、扱われる内容は各種ニュースから娯楽情報までと、雑誌形式の総合紙である。ベトナム語メディアのなかでは日本語欄をもつものは少ないが、五頁ほどの日本語欄が設けられているのも特徴である。

「メコンセンター」は販売業務のほか、書類の翻訳や料理・語学教室の開催、また日本で生活するうえでのさまざまな生活相談などもおこなっている。つまりサービスは、異国での生活を豊かにするうえで欠かせない日用品や娯楽用品の販売・提供、言語環境の異なる場で社会的生活を営むためのさまざまな制度上の橋渡しである。店舗の機関誌や広報としての役割をもつ雑誌も、こうしたサービスを誌面で展開している。

店舗を経営し、雑誌の編集をほぼ一人でおこなっているのは、一九七〇年に留学生として来日し、サイゴン陥落後に日本定住を決めたド・トン・ミンである。定住後は在日ベトナム系住民のための通訳や難民救援の仕事を始め、日本での生活適応の手助けのためにリーダーシップを発揮していた人物である。『月刊メコン通信』の特徴は編集者のプロフィールからもわかる。雑誌の内容はおもに在日ベトナム系住民の同胞のための生活情報や知識、知恵、娯楽のために向けられている。たとえば前述の総合雑誌

『月刊協会』が政治運動をおこなっている発行元団体の機関誌として、政治的な言論をおこなっているのにたいして、『月刊メコン通信』は、編集方針として政治的なイッシューや言論活動をおこなわないことにしている。また、元留学生であるド・トン・ミンは、リトルサイゴンなどでメディア関連の業務に就く同窓生が多いという。日本および在日ベトナム系住民のニュースを、アメリカの越僑メディアで報道するための情報提供活動もおこなっている。店舗で越僑メディアの輸入販売ができるのもこうした背景があり、また誌面にも越僑のメディア文化にかんする記事が多く掲載されている。

「メコンセンター」がポピュラー音楽のパッケージ・メディア制作にかかわった例もある。在日ベトナム人歌手のバオ・タムは、一九九六年に越僑の歌手たちとオムニバスのCDを制作した(図3)が、プロダクションは「メコンセンター」とリトルサイゴンに本拠地をおく「ベト・プロダクション」の共同となっている。実際の制作はシステムのあるリトルサイゴンでおこなわれたのであるが、「メコンセンター」が越僑社会と在日ベトナム系コミュニティを結ぶ窓口となっていることがわかるであろう。

こうしたこれまでのメディア制作の経験や人脈を生かして、ド・トン・ミンはイベントを企画した。一九九八年の「ベトナムの春の音楽会」(十二月二十八日、東京都品川区民会館「きゅりあん」小ホール)と、二〇〇〇年の「夏の音楽会――ベトナム人・日本人の祭り」(六月十日、「きゅりあん」大ホール)に、おもにリトルサイゴンで活躍する越僑の有名歌手を招聘してコンサートを開催したのである(図4・5)。

一九九八年のコンサートでは越僑歌手と音楽家五名が来日した。そのなかで、ニュ・クイン(図2)やアイ・ヴァン(図6)といった越僑歌手を代表するスターのうちの一人である、ヴィエト・ユンを紹介し

図3 『空の花が咲く』 バオ・タムと越僑歌手とのオムニバスCD

図5 『月刊メコン通信』2000年

図4 『月刊メコン通信』1999年

ておきたい。

ヴィエト・ユンは、作曲家・歌手活動以外にもリトルサイゴン・ラジオというコミュニティ・ラジオ局のディレクターなどをしており、来日した歌手たちのリーダーとして選曲などのプロデュースをおこない、当日はコンサートの司会も担当していた。難民として渡米しているヴィエト・ユンは、アメリカの越僑コミュニティの形成期である一九七五年から八〇年代初頭にかけて、失った故郷の思い出をテーマにした楽曲を制作し、越僑社会に広く知られるようになった。近年でも社会運動の集会で歌うことが多く、彼の選曲により一九七五年以前のベトナムでのヒット曲が選ばれていたのは、このコンサートのひとつの特徴であった。

二〇〇〇年のコンサートでは、日本語による反戦歌などで日本でも知られるカン・リーが来日した。この年は、七名の歌手と三名のコメディアンほか、越僑のミスベトナムに加え、アメリカの越僑メディアのジャーナリストなど総勢一二名が来日している。難民経験をもつ者、呼寄せでベトナムを出国した者、一九七五年以前にサイゴンで活躍していた歌手、移民先で育った二世など、多様な背景をもつ越僑歌手たちがステージに立ったこの年は、演奏された曲目もまた多様であった。とくに顕著な傾向として、当時のベトナムで流行していた楽曲が選曲されていたのも大きな特徴であった。前述したように、一九九〇年代後半から現在にかけてみられている、ベトナムの音楽文化と越僑の音楽文化の融合が、日本で開かれたイベントの内容にも反映されていたということであり、このイベントは活発化する越僑社会のメディア文化交通の一端として理解することができる。

ド・トン・ミンによれば、知名度の高い在米の越僑歌手たちをコミュニティの小さい日本に招聘することはむずかしかったという。とくに一九九八年のイベントは年末時期であり、歌手たちは、集客と収入の期待できる大きなコミュニティを訪ねたがるものである。しかし、これまで越僑社会とメディアを通じてかかわってきた経験と人脈を用いて、自らアメリカに渡り、歌手と直接交渉して招聘を実現した。トランスナショナルに活動するコミュニティ・リーダーとメディアの存在こそが、在日ベトナム系コミュニティを越僑社会と結びつけているのである。

越僑社会をつなぐ文化装置としてのメディア

ところで、オムニバス形式でおこなわれた一九九八年のコンサートに出演したのは、アメリカから来日した歌手だけではなかった。七名の在日ベトナム系住民のアマチュア歌手が参加し、また、演奏を担ったのは日本で活動するベトナム系住民のアマチュア・バンドだった(図7)。

イベントの企画段階で演奏担当が在日ベトナム系住民に決まったとき、難民として定住して一七年のソン・ヴーが、バンドのリーダーを務め、メコンセンターとバンドのあいだの連絡・折衝をすることになった。ヴーは日本に定住したあとに、音楽専門学校にかよい、フィリピン人向けの居酒屋で演奏するなどしていたが、全国に点在して生活する在日ベトナム系住民とバンドをつくることはむずかしく、在日ベトナム系住民によるバンド結成は夢だったという。ベトナムにいた当時、家族で地方をめぐる演奏活動をしていたギターのドゥック・タンは、難民として来日し定住し始めたころは、小さなイベントでギターを披露することがあった。旋盤・プレスの仕事をしているタンは、多忙で生活の余裕もなく、もはやバンド演奏はおこなわないと考えていた。しかし、ヴーから越僑の有名歌手も参加するイベントの話を聞き、ドラマーの弟クオック・クンを誘ってバンドを結成することになった。カトリック教会のベトナム語のミサで歌にあわせてギターをひいていたスァン・ヴーもサイドギターとして、またラオス人と結婚しラオス人のバンドで演奏していたホン・ユンもベースとして参加した。こうしてメコンセンターのイベントは、在日ベトナム系住民のバンド結成をうながしていった。ヴーは難民として定住するという新天地の心境を「ニュースカイ」というバンド名にこめたという。

イベントの半年前の夏から、毎週日曜日に、神奈川県の藤沢と厚木の中間あたり、花木園と田畑に囲まれた倉庫の隅のガレージで、野外での練習が始まった。この練習場所は、音響機器などのリサイクル業を営む在日ベトナム系住民がもつ倉庫で、バンドのために借りたものであった。倉庫にあったリサイクル品の機器を借りて練習を続けたバンド「ニュースカイ」は、まさにガレージバンドであった。電子部品の修理を仕事にするホン・フックは音響を担当した。

歌手として参加することになったのは、前節で紹介したバオ・タムのほか、「インドシナ難民とのつどい」や仲間とのカラオケ大会などでよくステージに立っていたゴック・ロンやゴック・アン、逆に家族の呼寄せで来日したがベトナム系コミュニティと接点が少ないということで、趣味をとおした交流をもつために参加したビック・トゥイ、難民の家族のもとタイやシンガポールで育ったためベトナム語を含めてことばが苦手なテー・ルー、サイドギターのスァン・ヴーの妻であるトゥエット・ホアである。

NGUYỆT SAN MEKONG 53 31

NỮ NGHỆ SĨ ÁI VÂN

CD ĐẶC SẮC NHẤT CỦA ÁI VÂN
1- Bài Tango Cho Em (+ Elvis Phương)
2- Hạt Mưa Và Nỗi Nhớ
3- Lời Ru Mùa Đông
4- Một Đời Yêu Anh (+ Nguyễn Hưng)
5- Một Ông Hai Bà (+ Ái Thanh - Chí Tài)
6- Thuyền Hoa
7- Tình (+ Thái Châu)
8- Tóc Em Đuôi Gà (mới phát hành năm 99)
9- Tơ Duyên
10- Trái Tim Lầm Lỡ (+ Nguyễn Hưng)
11- Ước Hẹn Ngày Mưa

Ái Vân một nghệ sĩ mà ai cũng công nhận vừa xinh đẹp, vừa duyên dáng, vừa hát hay, lại đa tài. Ái Vân hát tuyệt vời, diễn xuất tài tình, đặc biệt đã diễn và viết một số nhạc kịch ngắn mà chắc khó có nghệ sĩ nào làm được.

Ái Vân đã qua Nhật hai lần năm 1978 và 89, do các tổ chức Nhật mời. Lần thứ ba năm 1998, do Mekong Center mời hát với cộng đồng người Việt. Trước sự ái mộ mà mọi người dành cho Ái Vân, nên chúng tôi lại mời qua giúp vui trong chương trình Văn Nghệ Hè 2000, ngày Thứ Bảy 10/6/2000 tại hội trường Kyurian, ngay trước cửa đông ga Oimachi, quận Shinagawa, Tokyo. Đặc biệt, lần này, số người tham dự ước lượng lên tới khoảng 1.000 người và được coi là một ngày hội lớn, ngày hội vinh danh "áo dài" Việt Nam. Ước lượng sẽ có khoảng 300 người Nhật, nên đây là buổi sinh hoạt giao lưu Việt-Nhật lớn nhất từ trước tới nay.

図6　『月刊メコン通信』の記事　歌手アイ・ヴァンの紹介。

図7　アイ・ヴァンとニュースカイ・バンドのステージ（一九九八年）

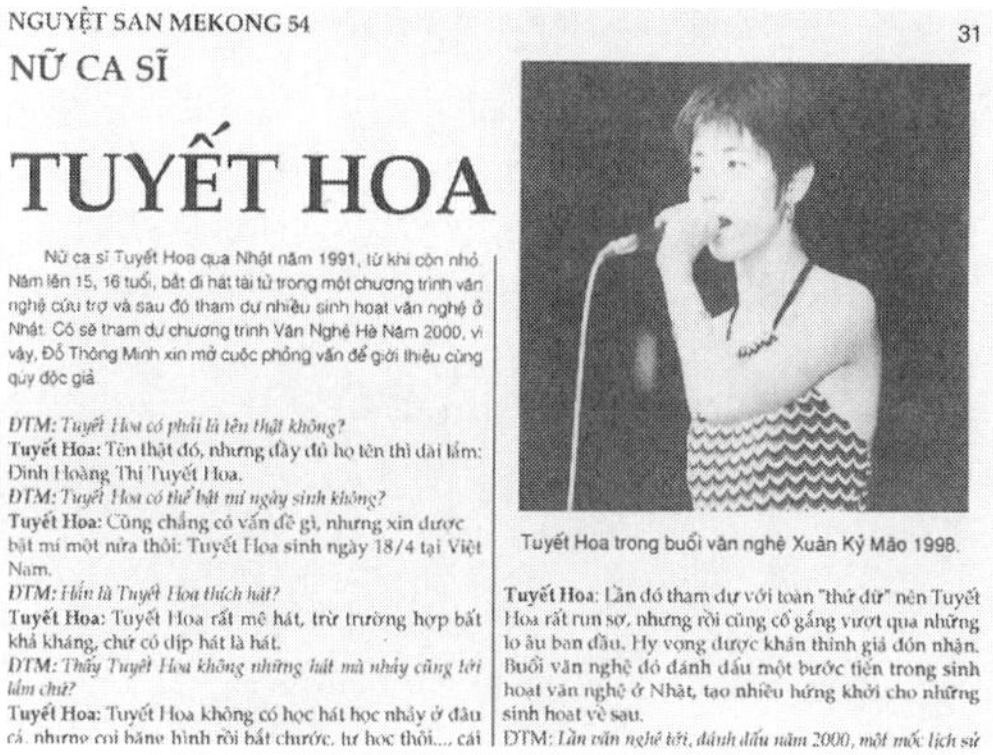

NGUYỆT SAN MEKONG 54 31

NỮ CA SĨ

TUYẾT HOA

Nữ ca sĩ Tuyết Hoa qua Nhật năm 1991, từ khi còn nhỏ. Năm lên 15, 16 tuổi, bắt đi hát tài tử trong một chương trình văn nghệ cứu trợ và sau đó tham dự nhiều sinh hoạt văn nghệ ở Nhật. Có sẽ tham dự chương trình Văn Nghệ Hè Năm 2000, vì vậy, Đỗ Thông Minh xin mở cuộc phỏng vấn để giới thiệu cùng quý độc giả.

DTM: Tuyết Hoa có phải là tên thật không?
Tuyết Hoa: Tên thật đó, nhưng đầy đủ họ tên thì dài lắm: Đinh Hoàng Thị Tuyết Hoa.
DTM: Tuyết Hoa có thể bật mí ngày sinh không?
Tuyết Hoa: Cũng chẳng có vấn đề gì, nhưng xin được bật mí một nửa thôi: Tuyết Hoa sinh ngày 18/4 tại Việt Nam.
DTM: Hẳn là Tuyết Hoa thích hát?
Tuyết Hoa: Tuyết Hoa rất mê hát, trừ trường hợp bất khả kháng, chứ có dịp hát là hát.
DTM: Thấy Tuyết Hoa không những hát mà nhảy cũng tới lắm chứ?
Tuyết Hoa: Tuyết Hoa không có học hát học nhảy ở đâu cả, nhưng coi băng hình rồi bắt chước, tự học thôi.... cái

Tuyết Hoa trong buổi văn nghệ Xuân Kỷ Mão 1998.

Tuyết Hoa: Lần đó tham dự với toàn "thứ dữ" nên Tuyết Hoa rất run sợ, nhưng rồi cũng cố gắng vượt qua những lo âu ban đầu. Hy vọng được khán thính giả đón nhận. Buổi văn nghệ đó đánh dấu một bước tiến trong sinh hoạt văn nghệ ở Nhật, tạo nhiều hứng khởi cho những sinh hoạt về sau.
DTM: *Lần văn nghệ tới, đánh dấu năm 2000, một mốc lịch sử*

図8　『月刊メコン通信』　アマチュア歌手も誌面に登場。

バンドのメンバーは神奈川に住んでいたが、歌手たちのなかには埼玉から練習にやってくる者もいた。それぞれ自分の得意の曲を持ち寄った。来日する越僑歌手がうたう予定の曲は、練習の際にはこのアマチュア歌手たちが代理でうたっていた。

バンドの練習がおこなわれているという話は近隣ですぐに広まり、練習場所はベトナム系住民の音楽好きが集まる憩いの場になった。厚木の米軍基地も近く、軍で働くベトナム系アメリカ人も集まっていた。冬には極寒の野外での練習になったが、暖をとりながら、趣味をとおした出会いと豊かな時間を過ごしていた。在米の越僑歌手との共演は、練習の高い動機づけにもなった。

このようにイベントは実際に人が集まる場所を提供し、現実のコミュニティ・スペースを創造したのである。音楽実践とは直接かかわらないながらも、練習場所や資金を提供するなど、バンド活動をサポートすることで間接的にイベントに参加した者もいる。イベントはコミュニティの活動を刺激し、そして、ベトナム系住民自らの声としての文化表現の場をつくっていったのである。越僑歌手との共演は、この在日ベトナム系住民の文化表現を、越僑のメディア文化へとつなげる出来事でもあっただろう。

『月刊メコン通信』は、このつながりの場をさらにメディアをとおして広げていった。「メコンセンター」はイベントの企画段階を『月刊メコン通信』の記事にすることで、広報活動をおこなったのであるが、この記事のなかで在日のアマチュアたちが大きく取り上げられることになった。イベントの直前や直後の特集号はイベントのパンフレットの様相であったが、誌面を多く割いて掲載されたインタビュー記事や表紙には、来日した越僑歌手だけでなく、彼女たちとならんで在日のアマチュアも大きく取り上げられた(図8)。

一九九八年は約四〇〇名が収容可能なホールで二ステージの公演があり、立ち席が販売されるほど盛況であった。二〇〇〇年は約一〇〇〇名収容可能な大ホールで一ステージ公演があり、同様に満席で成功をおさめた。一九九八年とほぼ同様の在日ベトナム系住民のアマチュア歌手とバンドが出演した。両コンサートとも在日ベトナム系住民の観客が九割以上をしめ、関東地区以外からの来客もみられるなど、日本全国のベトナム系住民に知られるイベントとなった。

コンサートは『月刊メコン通信』が起こしたメディア・イベントであったといえる。イベントの成功はその後、ド・トン・ミンが世界の越僑メディアに報告したことから、越僑社会に伝わっていった。イベントの成功の記憶は、在日ベトナム系コミュニティの成功の記憶であり、メディアをとおして越僑社会の記憶に受け継がれていく。『月刊メコン通信』のメディア・イベントは、在日ベトナム系コミュニティを越僑社会につなぐ文化装置となったのである。

アジアという文化圏と交錯する越僑のメディア文化

一九九〇年代前半のトゥイ・ガなどが制作する音楽ビデオを分析したラルは、海やボート、移民の成功など、難民性や越僑コミュニティを象徴するようなメッセージ、つまり越僑独自のメディア表現があることを指摘している[Lull 1992:223–224]。一九九〇年代後半からの音楽ビデオには、アジアやアフリカなど世界の文化イメージを投影したパフォーマンスなども数多くみられている[日吉 2003:31–32]。こうした表現からカニンガムは、ベトナム系住民が積極的に多文化を摂取しようとしていること、つまりさまざまな文化の要素を混成した新しい文化表現をめざしていると論じている[Cunningham, Nguyen 2000:91]。

アメリカでおこなわれる大規模なショーではスタッフにベトナム系以外のアジア系の名を見ることも多く、文化生産のシステムはコミュニティに閉じたものではなくなっている。来日したヴィエト・ユンは、越僑の文化産業の現状について、「カリフォルニア・エイジアン」というアジア系世代のコラボレーションが生まれている、と語っている[早崎 1999a]。ベトナム系コミュニティの音楽活動は、難民としての経験がきざまれながらも、さまざまな地域からのディアスポラが織りなす、越境的な「アジア」文化圏が越僑社会と交錯することで、さらに新しい音楽表現が生み出されているのである。

在日ベトナム系住民の音楽活動やメディア文化表現の実践も、在日ベトナム系コミュニティ、越僑社会、日本社会と、地域や国文化を越えた文化圏を基盤に成立している。二〇〇一年のイベントは「ベトナム人・日本人の祭り」という名のとおり、ベトナム系住民と日本人との文化交流というテーマの演出もみられていた。日本でも知られるカン・リーの来日で、日本人の観客も一割程度みられていたし、日本人の出演者も数人ほど加わっていた。会場のボランティア・スタッフにも日本人が参加している。

アメリカを中心に世界各地に点在する越僑社会で展開してきた越僑のポピュラー音楽文化は、脱中心化と再地域化のせめぎあいのなかで、越僑に閉じた音楽文化から、地域を越えた「アジア」という地勢図のなかで生成されるメディア文化になってきている。日本各地でベトナム系コミュニティが越僑メディア文化と交錯しながら、あらたなメディア文化を生み出している過程に目を向けることで、日本の内においてもトランス・アジアな文化形成の場が多元的に存在していることの理解につながるのではないだろうか。

＊筆者は、一九九八年六月より、メコンセンターのボランティア・スタッフとして、参与観察によるフィールドワークをおこなっている。メコンセンターの活動やその経営者、在日ベトナム系住民のバンドの活動、来日した越僑歌手についてなど、本稿で、文献など、とくに指定のないものは、フィールドワークの過程で不定形に収集したインタビューやフィールドノーツに基づいたものである。

参考文献

岩渕功一『トランスナショナル・ジャパン――アジアをつなぐポピュラー文化』岩波書店　二〇〇一年
角英夫『サイゴンの歌姫　二一年ぶりの祖国』日本放送出版協会　一九九六年
川上郁雄「越境する家族――在日ベトナム系住民の生活世界」明石書店　二〇〇一年
神月さとし「音楽カフェバーでライブを聴こう」（WCG編集室編『ワールド・カルチャーガイド　ベトナム――シクロは走るよ、力いっぱい』トラベルジャーナル　二〇〇一年）
戸田佳子『日本のベトナム人コミュニティ――一世の時代、そして今』暁印書館　二〇〇一年
早崎聡「リトル・サイゴン――もう一つのベトナム・ポピュラー音楽」（『ポップ・アジア』二三号　一九九九年a）
早崎聡「ベトナム人音楽都市『リトルサイゴン』にアメリカンドリームの秘密を見た！」（『SPA』一九九九年b）

日吉昭彦「日本におけるベトナム語エスニック・メディアの現在」(『成城コミュニケーション学研究』第一号 二〇〇〇年)

日吉昭彦「海外在住ベトナム人のメディア・エンターテイメント」(白水繁彦編『われわれの文化を求めて――民族・国境を越える「エスニック」・エンターテイメント』文科省科研費報告書 二〇〇三年)

Cunningham, Stuart, "*Diasporic Media and Public 'sphericules'*", Karen Ross, Peter Playdon (eds.), *Black Marks: Minority Ethnic Audiences and Media*, Ashgate Publishing Ltd, pp177–194, 2001

Cunningham, Stuart, Tina Nguyen, "*Popular Media of the Vietnamese Diaspora*", Stuart Cunningham, John Sinclair (eds.), *Floating Lives: The Media and Asian Diasporas*, University of Queensland Press, 2000

Hai, Tran Quang, "Vietnam: Situation of Exile Music since 1975 and Musical Life in Vietnam since Perestroika", *The World of Music*, 43, 2001

Lull, James and Roger Walis, "*The Beat of West Vietnam*", James Lull (eds.), *Popular Music and Communication*, Newbury Park, California, Sage Publications, 1992

あとがき

本書に所収された論考は、独立行政法人国際交流基金アジアセンター主催の二〇〇三年度第一期アジア理解講座『アジアを交錯するメディア文化』の各講演がもとになっている。講座は二〇〇三年五月九日から七月十一日の間の毎週金曜日夜に同センターにおいて一〇回にわたって開催された。残念ながら講演者のひとりであるローリー・ヒッチコック氏は博士論文に従事するため本書執筆に参加できなかったが、彼女を除いた九人がそれぞれの講演を大幅に発展させて書き直した論考を所収することができた。

アジアセンターよりアジア理解講座のコーディネートを依頼されたときにまず思ったのは、国民国家の枠組みを所与の前提としたり、「アジア」を日本とは切り離されたものとして認識するようなアジア観にとらわれずに「アジア」で起きていることを理解しようとしている人、そしてとにかく現場を知っており、国境をまたぐメディアと文化の交錯とそれがもたらすつながりの政治性について身をもって考えている人にお願いしたいということだった。大学という機関に属さずに精力的な研究・批評活動をおこなっている方々が含まれることとなったのは、こうした条件を満たす魅力的な講演者を探したためである。その結果、たんなる机上の理論にとどまらない、ダイナミックな文化流動の現場性を感じさせる論考集に仕上がっていると思う。

本書とそのもとになった講座シリーズは、奇しくもアジアセンターにとって「最初」と「最後」双方の肩書きがつけられるものになった。まず、アジア理解講座でメディア・ポピュラー文化について扱うのはこれがはじめてであったという。昨今、東アジア域内で人とメディア・ポピュラー文化の越境的な移動と結びつきが高まるなかで、本書で論じられているテーマは今後も一層重要性を増していくであろう。その先駆となれたことを大変うれしく思う。一方、国際交流基金の組織変革にともなって、本書の出版がアジアセンターの名称でおこなわれる最後の企画協力事業になるとのことである。組織改革の後もアジア理解講座が継続されるということだが、本書がアジアセンターの歴史に名を刻むことができたことを光栄に感じている。基金が引き続きメディア・ポピュラー文化という分野に厚い理解と関心を示していただくことを切に期待するとともに、本書が日本における「アジア」の研究に新たな視野から刺激を与え、この分野における今後の研究の進展に少しでも貢献することができれば甚幸である。

本書は多くの方々の協力と支援の賜物である。とくに、独立行政法人国際交流基金アジアセンターの村上佑子氏(当時)からの企画依頼がなければ理解講座の開講も本書の出版もなかったであろう。また、それを引き継いだ今井真澄氏と財団法人国際文化交流推進協会の若林陽子氏には講座の開催にあたって多大のご助力をいただいた。感謝の意を表したい。

山川出版社にとってもメディア・ポピュラー文化関連の書籍を出版するのははじめてであると聞き及んでいる。本が売れないことが嘆かれるなかで、山川出版社には未知の分野の出版に企画当初より強い関心と理解を示していただいた。本書をこれほど早く出版することができたのも、山川出版社編集者の的確な助言と迅速な作業のおかげである。
最後になったが、本書はアジア理解講座に参加してくださった受講者の皆さんに多くを負っている。金曜の夜という大切な時間を割いて東京溜池まで通い、熱心に私たちの話に耳を傾け、そして貴重なコメントや質問をしていただいた。そこで受けた知的刺激が各章の議論を一層深いものにしてくれたと確信している。心から御礼申し上げたい。

二〇〇四年一月

岩渕功一

田仲康博　たなか やすひろ
国際基督教大学国際関係学科助教授
主要著書：『沖縄に立ちすくむ――大学を越えて深化する知』（共編，せりか書房，2004），『沖国大がアメリカに占領された日――8・13米軍ヘリ墜落事件から見えてきた沖縄／日本の縮図』（共著，青土社，2005），『空間管理社会――監視と自由のパラドックス』（共著，新曜社，2006），『文化の社会学』（共著，有斐閣，2007）

東　琢磨　ひがし たくま
フリーランスライター，音楽・文化批評
主要著書：『ソウル・フラワー・ユニオン――国境を動揺させるロックン・ロール』（編著，ブルース・インターアクションズ，1997），『全－世界音楽論――Coming Community Musics』（青土社，2003），『違和感受装置――クロニクル1996〜2003』（冬弓舎，2004）

日吉昭彦　ひよし あきひこ
目白大学人文学部専任講師
主要著書：『コミュニケーション学入門――進路とキャリア設計のために』（共著，NTT出版，2003），『メディア社会学レポート――ソシオロジスト・スペシャル2003』（共著，海象社，2003），『ワールドカップのメディア学』（共著，大修館書店，2003），『白人とは何か？――ホワイトネス・スタディーズ入門』（共著，刀水書房，2005）

執筆者紹介（執筆順）

岩渕功一　いわぶち こういち
早稲田大学国際教養学部助教授
主要著書：『トランスナショナル・ジャパン――アジアをつなぐポピュラー文化』（岩波書店，2001），『グローバル・プリズム――「アジアン・ドリーム」としての日本テレビドラマ』（平凡社，2003），*Recentering Globalization: Popular Culture and Japanese Transnationalism*（Duke University Press, 2002）

伊藤　守　いとう まもる
早稲田大学教育・総合科学学術院教授
主要著書・論文：『メディア文化の権力作用』（編著，せりか書房，2002），『パラダイムとしての社会情報学』（共編，早稲田大学出版部，2003），『記憶・暴力・システム――メディア文化の政治学』（法政大学出版局，2005），'Television and Violence in the Economy of Memory'（*International Journal of Japanese Sociology*, Number 11, Blackwell, 2002）

清水知子　しみず ともこ
筑波大学大学院人文社会科学研究科講師
主要論文・訳書：「〈クール・ブリタニア〉とその不満」（『現代思想』青土社，2003. 5），「ネズミとモンスター――ポスト冷戦とソフトパワーの地政学」（『ユリイカ』青土社，2004. 12），デイヴィッド・ライアン『9.11以後の監視』（明石書店，2004），スラヴォイ・ジジェク『ジジェク自身によるジジェク』（河出書房新社，2005）

松村　洋　まつむら ひろし
音楽評論家
主要著書：『照屋林賢・なんくるぐらし』（編著，筑摩書房，1995），『アジアうた街道』（新書館，1999），『唄に聴く沖縄』（白水社，2002）

青崎智行　あおさき ともゆき
経済産業省商務情報政策局文化情報関連産業課課長補佐
主要論文：「アジアにおける放送メディアの変動」（『現代アジアのフロンティア――グローバル化のなかで』社会評論社，2004），「日本的内容産業発展戦略」（『亜州伝媒研究2005』〈中国語〉中国 伝媒大学出版社，2006）

山中千恵　やまなか ちえ
大阪大学大学院人間科学研究科社会環境学講座助手
主要著書・論文：「韓国における日本まんが受容の論理」（『現代韓国朝鮮研究』新書館，2003，第2号），*Reading Manga: Local and Global Perceptions of Japanese Comics*（共著，Leipzig University Press, 2006），『「はだしのゲン」がいた風景――マンガ・戦争・記憶』（共著，梓出版，2006）

アジア理解講座 3

越《こ》える文化《ぶんか》、交錯《こうさく》する境界《きょうかい》

トランス・アジアを翔《かけ》るメディア文化《ぶんか》

2004年 3 月25日　1 版 1 刷　発行
2007年 3 月25日　1 版 2 刷　発行

編　者　岩渕功一《いわぶちこういち》

企　画
協　力　独立行政法人 国際交流基金アジアセンター

発行者　野澤伸平

発行所　株式会社 山川出版社
〒101-0047　東京都千代田区内神田 1-13-13
電話　03(3293)8131(営業)　03(3293)8134(編集)
振替 00120-9-43993
http://www.yamakawa.co.jp/

印刷所　株式会社 シナノ

製本所　株式会社 手塚製本所

装　幀　菊地信義

ISBN978-4-634-47430-7